UTB 2971

D1873773

Eine Arbeitsgemeinschaft der Verlage

Beltz Verlag Weinheim · Basel
Böhlau Verlag Köln · Weimar · Wien
Verlag Barbara Budrich Opladen · Farmington Hills
facultas.wuv Wien
Wilhelm Fink München
A. Francke Verlag Tübingen und Basel
Haupt Verlag Bern · Stuttgart · Wien
Julius Klinkhardt Verlagsbuchhandlung Bad Heilbrunn
Lucius & Lucius Verlagsgesellschaft Stuttgart
Mohr Siebeck Tübingen
C. F. Müller Verlag Heidelberg
Orell Füssli Verlag Zürich
Verlag Recht und Wirtschaft Frankfurt am Main
Ernst Reinhardt Verlag München · Basel
Ferdinand Schöningh Paderborn · München · Wien · Zürich
Eugen Ulmer Verlag Stuttgart
UVK Verlagsgesellschaft Konstanz
Vandenhoeck & Ruprecht Göttingen
vdf Hochschulverlag AG an der ETH Zürich

ELMAR WAIBL, FRANZ JOSEF RAINER

Basiswissen Philosophie in 1000 Fragen und Antworten

facultas.wuv

Elmar Waibl, ao.Univ.-Prof. Dr., lehrt am Institut für Philosophie der Universität Innsbruck.
Franz Josef Rainer, MMag., arbeitet derzeit an seiner Dissertation zum Thema ›Wahrheit bei Donald Davidson‹.

Bibliografische Information Der Deutschen Nationalbibliothek
Die Deutsche Nationalbibliothek verzeichnet diese Publikation in der Deutschen Nationalbibliografie;
detaillierte bibliografische Daten sind im Internet über
http://dnb.d-nb.de abrufbar.

Einband: Atelier Reichert, Stuttgart
Satz: Atelier ›rät umsonst‹ Tiefenthaler, Wien
Druck: Ebner & Spiegel, Ulm
Printed in Germany

ISBN 978-3-8252-2971-9

Vorwort

Mit dem »Basiswissen Philosophie« liegt ein innovativer Lernbehelf für die Studieneingangsphase vor, der es den Studierenden ermöglicht, sich mit den grundlegenden philosophischen Sachverhalten auf eine neuartige Weise bekanntzumachen. Das Konzept wurde erfolgreich in Einführungslehrveranstaltungen erprobt. Es hat sich gezeigt, dass die Studierenden das Angebot, die grundlegenden Informationen in knapper und konziser Form vermittelt zu bekommen, überaus positiv aufnehmen. Aber auch über den akademischen Lernbereich hinaus bietet das »Basiswissen« Interessierten, die im Selbststudium einen ersten Zugang zur Philosophie suchen, einen zugleich spannenden und kurzweiligen Einstieg.

Das »Basiswissen Philosophie« wurde so konzipiert, dass – wo immer möglich – die Fragen mit einem Satz, der den didaktischen Charakter eines Merksatzes hat, beantwortet werden können. Eine gewisse Vereinfachung der Sachverhalte musste dafür stellenweise in Kauf genommen werden. Kenner des Fachs, die dieses Buch als Lehrmittel in die Hand nehmen, sind mit dem Umstand vertraut, dass Fragen zur Philosophie – je nach Verständnishintergrund – gelegentlich unterschiedlich beantwortet werden können. Diese Schwierigkeit war uns bewusst. In Absprache mit anderen Fachvertretern haben wir uns jedoch für eine Antwort entschieden, weil es uns darauf ankommt, gerade unter Studienanfängern nicht jene Verwirrung zu stiften, die oft mit der akademischen Diskussion philosophischer Sachverhalte einhergeht. Uns ist durchaus bewusst, dass diskutierbar bleibt, was alles zum Basiswissen gehört. Wir waren bestrebt, eine Auswahl an Fragen zu treffen, die jedes Teilgebiet der Philosophie repräsentativ abdeckt – im Wissen darum, dass auch die Hinzunahme anderer Fragen denkbar gewesen wäre.

In manchen Fällen wurde – von der Antwort abgesetzt – eine knappe Erläuterung in Kursivschrift hinzugefügt. Wo immer es sinnvoll erschien, wurden die Sachverhalte anhand kurzer Beispiele erläutert, um den Studierenden damit zu einem besseren Verständnis zu verhelfen. Um die Einträge so knapp wie möglich zu halten, wurde jeglicher Ballast vermieden. So verzichteten wir etwa auch auf Quellenangaben, da diese für die Vermittlung von Basisinformationen weniger relevant sind. Wichtig war uns hingegen ein detailliertes Register, um dadurch die Auffindbarkeit der Einträge zu erleichtern. Bei speziellen philosophischen Termini wurde auf die (meist griechische oder lateinische) Wortherkunft verwiesen, um durch das Begriffsverständnis den Sachverhalt noch einprägsamer zu machen. Griechische Stammwörter wurden zwecks Ausspracheerleichterung mit entsprechenden Akzenten versehen. Bei den lateinischen Stammwörtern wurde mit einer Ausnahme (idólum, gr. eídolon) darauf verzichtet – zum einen, weil dies eher unüblich ist, zum andern, weil sich durch die Vertrautheit mit den aus dem Lateinischen gebildeten Fremdwörtern diese Lesehilfe erübrigt. Aus Gründen der Übersichtlichkeit wurden die Fragen in die großen Themenbereiche der Philosophie eingeteilt. Es wurde versucht, die Fragen so anzuordnen, dass sich thematische Cluster ergeben und die Fragen in einer sinnvollen Abfolge stehen. Wenn Namen von Philosophen in einem thematischen Kontext zum ersten Mal vorkommen, haben wir sie mit den jeweiligen Lebensdaten versehen, um eine zeitliche Orientierung zu gewährleisten.

Ob Philosophie »erlernbar« ist, wird oft angezweifelt. Sicherlich möglich jedoch ist es, sich die Voraussetzungen dafür anzueignen. Diesem Zweck dient das vorliegende Kompendium, das so gesehen den Charakter einer Propädeutik hat. Das »Basiswissen« soll ein erstes Fundament vermitteln, auf dem die weiteren Schritte im Studium aufbauen können. Das vermittelte Grundlagenwissen knüpft die ersten Fäden eines Netzes, das es den Studierenden erleichtern soll, »auf Fang zu gehen« und die Auseinandersetzung mit dieser ebenso vielfältigen wie faszinierenden Disziplin zu erweitern.

Ein Dank geht an die Philosophieprofessoren Hans Kraml, Peter Kügler, Ulrich Metschl, Veit Pittioni und Klaus Puhl für die kritische Durchsicht einzelner Kapitel; der Altphilologe Lev Subaric hat die etymologische Herleitung der lateinischen und griechischen Begriffe überprüft. Gerti Waibl und Elisabeth Prenn haben dankenswerterweise die Mühe des Korrekturlesens auf sich genommen. Ein Dank geht auch an das Studiendekanat und das Dekanat der historisch-philosophischen Fakultät der Universität Innsbruck, die das Projekt unterstützt und gefördert haben.

Was Philosophie ist und leistet 1–27

1 **Was ist der Ursprung und die Bedeutung des Begriffs ›Philosophie‹?**

(gr. philós = Freund; sophía = Weisheit) Der Begriff ›Philosophie‹ stammt aus dem antiken Griechenland und bedeutet soviel wie ›Liebe zur Weisheit‹. Der ›philósophos‹ strebt nicht nach Vielwisserei, sondern nach wesentlichem und bedeutsamem Wissen.

Angeblich soll der Philosoph Pythagoras (um 570–500 v. Chr.) den Titel eines ›sophos‹, d. h. eines Weisen für sich abgelehnt haben mit dem Argument, dass dieser Titel nur Gott gebühre. Ein Mensch könne nur ein ›Freund der Weisheit‹ (philósophos) sein.

2 **Was ist ›Weisheit‹?**

Wesentliche Einsichten gewonnen zu haben und sein Leben danach auszurichten.

3 **Inwiefern ist Philosophie eine ›Grund- und Prinzipiendisziplin‹?**

Philosophie stellt grundsätzliche und prinzipielle Fragen (sogenannte ›Fragen erster Ordnung‹), z. B. Was können wir wissen? Was ist Gerechtigkeit? oder: Was ist Kunst?

4 **Inwiefern ist Philosophie eine ›Integrativwissenschaft‹?**

Philosophie sucht die Resultate der Einzelwissenschaften zu einem Gesamtbild zu integrieren und aus der Zusammenschau die großen Fragen zu beantworten, die sich dem Menschen anhaltend stellen.

5 **Was sind für Immanuel Kant (1724–1804) die Grundfragen der Philosophie?**

Was kann ich wissen? Was soll ich tun? Was darf ich hoffen? Diese drei Fragen münden für ihn in die fundamentalste philosophische Frage: Was ist der Mensch?

6 **Was sind die wichtigsten Themenbereiche der Philosophie?**

Logik, Erkenntnistheorie, Wissenschaftstheorie, Metaphysik, Anthropologie, Ethik, Sprachphilosophie, Sozialphilosophie, Politische Philosophie, Rechtsphilosophie, Geschichtsphilosophie, Technikphilosophie, Ästhetik und Philosophie der Kunst.

7 **Worin besteht ganz allgemein das Philosophieren?**

In der Reflexion der allgemeinen Annahmen, die unser Denken bestimmen und unser Handeln leiten.

8 **Was ist für Peter Singer (*1946) die Aufgabe der Philosophie?**

»Die Philosophie soll die grundlegenden Annahmen ihrer Zeit in Frage stellen. Das kritische und sorgfältige Durchdenken dessen, was die meisten von uns einfach als gegeben annehmen, ist meiner Meinung nach die wichtigste Aufgabe der Philosophie, es ist die Aufgabe, die die Philosophie zu einer lohnenden Beschäftigung macht.«

9 **Worin besteht nach Thomas Nagel (*1937) in *Was bedeutet das alles? Eine ganz kurze Einführung in die Philosophie* (What Does It All Mean, 1987) die Zielsetzung der Philosophie?**

»Das Hauptanliegen der Philosophie besteht darin, sehr allgemeine Vorstellungen in Frage zu stellen und zu verstehen, die sich ein jeder von uns tagtäglich macht, ohne über sie nachzudenken.«

10 **Was unterscheidet für Thomas Nagel in methodischer Hinsicht die Philosophie von den Naturwissenschaften?**

»Die Philosophie unterscheidet sich einerseits von den Naturwissenschaften und andererseits von der Mathematik. Im Unterschied zu den Naturwissenschaften stützt sie sich nicht auf Experimente und Beobachtungen, sondern allein auf das Denken. Im Unterschied zur Mathematik kennt sie keine formalen Beweisverfahren. Man philosophiert einzig, indem man fragt, argumentiert, bestimmte Gedanken ausprobiert und mögliche Antworten gegen sie erwägt, und darüber nachdenkt, wie unsere Begriffe wirklich beschaffen sind.«

11 **Was ist die primäre Aufgabe der Philosophie?**
Die Philosophie sucht primär nach Wahrheit, indem sie Kritik übt, Dogmen hinterfragt, Tabus aufhebt und sich dabei immer einer grundsätzlichen Offenheit bedient. In den letzten Jahrzehnten wurde auch wieder die antike Konzeption der Philosophie als Arbeit an sich selbst aufgegriffen.

12 **Was ist für den Gräzisten Wilhelm Nestle (1865–1957) die Besonderheit der anfänglichen griechischen Philosophie?**
Der Übergang *Vom Mythos zum Logos* (so sein Buchtitel von 1940).

13 **Kann man Philosophie lernen?**
»Es gibt keine Philosophie, die man lernen kann, man kann nur lernen zu philosophieren.« (Immanuel Kant, 1724–1804)

14 **Worin besteht für Bertrand Russell (1872–1970) der Wert der Philosophie?**
Philosophie ist »food for the mind«.

Philosophie bewirkt »an enlargement of the Self« und »makes us citizens of the universe, not only of one walled city«. Philosophie befreit. »The man who has no tincture of philosophy goes through life imprisoned in the prejudices derived from common sense, from the habitual beliefs of his age or his nation, and from convictions which have grown up in his mind without the cooperation or consent of his deliberate reason.«

15 **Wie erklärt Russell den Sachverhalt, dass die Wissenschaft mit gesicherten Resultaten aufwartet, die Philosophie hingegen nicht?**
Sobald philosophische Fragen wissenschaftlich beantwortbar werden, hören sie auf, zur Philosophie zu gehören.

»(...) as soon as definite knowledge concerning any subject becomes possible, this subject ceases to be called philosophy, and becomes a separate science. The whole study of the heavens, which now belongs to astronomy, was once included in philosophy; Newton's great work was called 'the mathematical principles of natural philosophy'.

Similarly, the study of the human mind, which was a part of philosophy, has now been separated from philosophy, and has become the science of psychology.«

16 **Was unterscheidet die Philosophie von den Einzelwissenschaften?**

Einzelwissenschaften beschäftigen sich mit einem bestimmten Ausschnitt und Aspekt der Wirklichkeit; die Philosophie will die Resultate der Einzelwissenschaften zu einem Gesamtbild zusammendenken.

17 **Was unterscheidet Philosophie von Religion?**

Philosophie will Erkenntnis, nicht bloß Glauben. Die Philosophie beansprucht, mittels der Vernunft, d. h. aus eigener Erkenntniskraft, die ›letzten Fragen‹ zu beantworten und dabei keine Voraussetzungen unbefragt zu akzeptieren, während für die Religion der Mensch auf die Hilfe Gottes angewiesen ist.

18 **Womit vergleicht Platon (427–347 v. Chr.) im ›Höhlengleichnis‹ die Rolle der vorphilosophischen Menschen?**

Mit der von Gefangenen, die so gefesselt sind, dass sie nur Schatten sehen können und folglich diese Schatten für wirkliche Gegenstände halten.

19 **Was ist in Platons Höhlengleichnis die Aufgabe der Philosophie?**

Die Menschen von den Fesseln zu befreien und sie dadurch zur wahren Erkenntnis zu befähigen.

20 **Was ist für René Descartes (1596–1650) das ›erste Prinzip der Philosophie‹?**

Das ›Cogito ergo sum‹ (lat. für: Ich denke, also bin ich).

»Alsbald aber machte ich die Wahrnehmung, daß, während ich so denken wollte, alles sei falsch, doch notwendig ich, der ich dachte, irgend etwas sein müsse, und da ich bemerkte, daß diese Wahrheit ›Ich denke, also bin ich‹ so fest und sicher wäre, daß auch die überspanntesten Annahmen der Skeptiker sie nicht zu erschüttern vermöchten, so konnte ich sie meinem Dafürhalten nach als das erste Prinzip der Philosophie, die ich suchte, annehmen.«

21 **Was bestimmt für Johann Gottlieb Fichte (1762–1814), für welche Philosophie man sich entscheidet?**

Die Besonderheit des Menschen. »Was für eine Philosophie man wählt, hängt (...) davon ab, was man für ein Mensch ist: denn ein philosophisches System ist kein toter Hausrat, den man ablegen oder annehmen könnte, wie es uns beliebte, sondern es ist beseelt durch die Seele des Menschen, der es hat.«

22 **Was ist für Albert Camus (1913–1960) in dem Werk *Der Mythos von Sisyphos* (1942) die grundlegende Frage der Philosophie?**

Die Frage nach der Sinnhaftigkeit der Existenz.

»Es gibt nur ein wirklich ernstes philosophisches Problem: den Selbstmord. Die Entscheidung, ob das Leben sich lohne oder nicht, beantwortet die Grundfrage der Philosophie. Alles andere – ob die Welt drei Dimensionen oder der Geist neun oder zwölf Kategorien habe – kommt erst später. Das sind Spielereien; zunächst heißt es Antwort geben (...) die Frage nach dem Sinn des Lebens [ist] die dringlichste aller Fragen. Wie sie beantworten?«

23 **Was ist für Rudolf Carnap (1891–1970) die eigentliche Aufgabe der Philosophie?**

Die logische Analyse, wodurch sinnvolle Sätze von Scheinsätzen unterschieden werden.

»Was aber bleibt denn für die Philosophie überhaupt noch übrig, wenn alle Sätze, die etwas besagen, empirischer Natur sind und zur Realwissenschaft gehören? Was bleibt, sind nicht Sätze, keine Theorien, kein System, sondern nur eine Methode, nämlich die der logischen Analyse.«

24 **Was ist für Ludwig Wittgenstein (1889–1951) im *Tractatus logico-philosophicus* (1933) die Philosophie?**

»Alle Philosophie ist Sprachkritik. – Der Zweck der Philosophie ist die logische Klärung der Gedanken. Die Philosophie ist keine Lehre, sondern eine Tätigkeit (...). Das Resultat der Philosophie sind nicht philosophische Sätze, sondern das Klarwerden von Sätzen.«

25 Welche Aufgabe hat die Philosophie gemäß dem späten Wittgenstein?

Die Philosophie ist »ein Kampf gegen die Verhexung unseres Verstandes durch die Mittel der Sprache«. Das Ziel besteht darin, »der Fliege den Ausweg aus dem Fliegenglas zu zeigen«.

26 Was versteht man unter ›Fundamentalphilosophie‹ oder ›Metaphilosophie‹?

Eine erkenntniskritische Untersuchung der Grundlagen, Voraussetzungen und Zielsetzungen des philosophischen Denkens selbst.

27 Was ist ein ›Eklektiker‹?

(gr. eklégein = auswählen) Eklektiker sind Philosophen, die selbst keine neuen Systeme entwickeln, sondern Thesen aus bestehenden Systemen übernehmen, um diese zu einer neuen Einheit zusammenzufügen.

Erkenntnistheorie 28–120

28 **Womit beschäftigt sich die ›Erkenntnistheorie‹?**
Mit den Bedingungen und Grenzen der menschlichen Erkenntnis.

29 **Welche Komponenten umfasst der ›Erkenntnisprozess‹?**
Das erkennende Subjekt, das zu erkennende Objekt und die zur Erkenntnis führende Methode.

Der Mensch ist das Erkenntnissubjekt. Das Objekt der Erkenntnis ist das, worauf der Mensch sein Erkenntnisinteresse richtet. Die Methode der Erkenntnis wird durch die ihm zur Verfügung stehenden Mittel zur Erkenntnisgewinnung bestimmt.

30 **Was sind ›epistemische (d.h. erkenntnismäßige) Einstellungen‹?**
Wissen, meinen, glauben, zweifeln, vermuten, usw.

31 **Wie wird ›Wissen‹ für gewöhnlich definiert?**
Als Gewissheit oder als wahre gerechtfertigte Meinung.

32 **Was versteht man unter ›epistemischer Rechtfertigung‹?**
Eine Begründung für eine Meinung oder ganz allgemein das, was Wissen von bloßer wahrer Meinung unterscheidet.

Beispiel: ›Dort drüben fährt ein Polizeiauto.‹ Epistemische Rechtfertigung: Ich sehe ein Auto mit der Aufschrift POLIZEI. Ich höre die Sirene. Ich sehe das Blaulicht, usw.
Achtung: Die Standards der epistemischen Rechtfertigung sind immer noch umstritten.

33 **Wann liegt eine ›notwendige Bedingung‹ vor?**
Wenn eine Aussage B nur wahr sein kann unter der Bedingung, dass die Aussage A ebenfalls wahr ist. A ist somit eine notwendige Voraussetzung von B, was aber nicht bedeutet, dass mit der Aussage A auch

immer die Aussage B wahr wird. (Oftmals findet man für eine notwendige Bedingung auch den Ausdruck ›conditio sine qua non‹.)

Beispiel: Volljährigkeit ist eine notwendige Bedingung für das Wahlrecht, dennoch ist es keine hinreichende Bedingung, da man noch zusätzliche Bedingungen erfüllen muss, z.B. Staatsbürgerschaft.

Beispiel: Eine notwendige Bedingung für Schneefall ist eine bestimmte Mindesttemperatur; dies ist jedoch keine hinreichende Bedingung, da noch eine entsprechende Luftfeuchtigkeit vorhanden sein muss.

34 **Wann liegt eine ›hinreichende Bedingung‹ vor?**

Wenn aus der Wahrheit der Aussage A die Wahrheit der Aussage B folgt. Die Kenntnis einer hinreichenden Bedingung beantwortet nicht die Frage, ob nicht auch noch andere Umstände als hinreichende Bedingungen gelten können.

Beispiel: Der Regen ist die hinreichende Bedingung dafür, dass die unüberdachte Straße nass ist, dennoch ist diese Bedingung nicht notwendig, da auch andere Umstände für die nasse Straße verantwortlich sein können, z. B. eine Feuerwehrübung. Eine weitere hinreichende Bedingung für die Nässe der Straße wäre zum Beispiel das Fahren eines Spritzwagens.

35 **Was versteht man unter ›primären Eigenschaften‹?**

Objektive Eigenschaften, die den Dingen selbst zukommen, z.B. Ausdehnung (Größe) und Bewegung bzw. Ruhe.

36 **Was versteht man unter ›sekundären Eigenschaften‹?**

Eigenschaften, die durch unsere Wahrnehmung der Dinge bedingt sind, z.B. Farben und Gerüche.

37 **Wann spricht man von einer ›absoluten Erkenntnis‹?**

Wenn der Anspruch auf Gewissheit, Irrtumsausschluss und eventuell auch auf Vollständigkeit erhoben wird.

Beispiel: Mathematische und logische Wahrheiten werden von manchen Philosophen als absolut angesehen.

38 **Was ist eine ›evidente Einsicht‹?**

(lat. evidens = augenscheinlich, sichtbar) Eine Form von Erkenntnis, die intuitiv sofort einleuchtet.

Beispiel: Die Wahrheit des Satzes ›Es regnet oder es regnet nicht‹ ist evident.

39 **Wann gilt etwas als ›objektiv‹?**

Wenn etwas intersubjektiv überprüfbar ist oder wenn etwas unabhängig von Subjekten besteht.

40 **Wann ist eine Erkenntnis ›allgemeingültig‹ und ›notwendig‹?**

Wenn sie ausnahmslos gilt und wenn ihr Gegenteil nicht gedacht werden kann.

41 **Was heißt ›irrational‹?**

Was mit dem Verstand nicht zu begreifen ist oder was scheinbar den Gesetzen der Logik widerspricht.

42 **Welche Sachverhalte sind ›intelligibel‹?**

Die nur mit Hilfe des Intellekts erfassbar sind.

43 **Wann verwendet man die Bezeichnung ›ad infinitum‹?**

Ad infinitum heißt soviel wie ›ins Unendliche fortschreitend‹ und dient zur Kennzeichnung einer nicht abschließbaren Reihe des Bestimmens, Fragens oder Begründens.

44 **Was ist ›Wahrheit‹?**

Die Richtigkeit einer deskriptiven Aussage. Die Richtigkeit wird von den verschiedenen Wahrheitstheorien unterschiedlich definiert (siehe Abschnitt ›Sprachphilosophie‹).

45 **Was ist eine ›Erkenntnis a posteriori‹ (lat. für: von dem was nachher kommt)?**

Eine auf Erfahrung beruhende Erkenntnis.

Beispiel: Kraft ist Masse multipliziert mit Beschleunigung. Wasser wird bei einer Temperatur von kleiner 0 °C zu Eis.

46 **Was ist eine ›Erkenntnis a priori‹ (lat. für: vom Früheren her)?**

Erfahrungsunabhängige Erkenntnis aus reiner Vernunft. Eine Erkenntnis a priori kann also von der Erfahrung weder bestätigt noch widerlegt werden.

Beispiel: $a^2 + b^2 = c^2$

47 **Welche Sätze sind Bertrand Russell (1872–1970) zufolge a priori erkennbar?**

Die Sätze der Logik, die Sätze der Mathematik und die Grundsätze der Ethik.

48 **Was ist ein ›analytisches Urteil‹?**

(gr. análysis = Auflösung, Zergliederung, Zerlegung) Ein Erläuterungsurteil. Ein analytisches Urteil liegt vor, wenn das Prädikat bereits implizit im Subjekt enthalten ist. Diese Urteile erläutern einen Begriff, erweitern aber nicht unsere Erkenntnis.

Beispiele: Der Kreis ist rund. Junggesellen sind unverheiratet.
Subjekte: Kreis; Junggesellen
Prädikate: ist rund; sind unverheiratet

49 **Wodurch sind analytische Urteile wahr?**

Aufgrund der Bedeutung der Worte, die sie enthalten.

Beispiel: Alle Junggesellen sind unverheiratet.

50 **Warum wurde das analytische Urteil so bezeichnet?**

Weil im analytischen Urteil ein Teil des Subjektbegriffs in das Prädikat ausgegliedert wird. Das Subjekt wird zerlegt, ein Teil davon ist das Prädikat.

Beispiel: Ein Schimmel ist ein weißes Pferd.

51 **Was ist ein ›synthetisches Urteil‹?**

(gr. sýnthesis = Verbindung, Zusammenfügung) Ein Erweiterungsurteil. Ein synthetisches Urteil liegt vor, wenn das Prädikat nicht implizit im Subjekt enthalten ist. Diese Urteile erweitern unsere Erkenntnis.

Beispiele: Der Ball ist rot. Das Buch ist schwer verständlich.

Subjekte: Ball; Buch
Prädikate: ist rot; ist schwer verständlich

52 **Wie lässt sich überprüfen, ob synthetische Urteile wahr oder falsch sind?**

Aufgrund empirischer Überprüfung, z.B. durch die Wahrnehmung.

Beispiel: Das Auto ist rot. (Die Wahrheit dieses Satzes kann nicht a priori erschlossen werden.)

53 **Warum wurde das synthetische Urteil so bezeichnet?**

Weil im synthetischen Urteil ein Prädikatbegriff mit einem Subjektbegriff zusammengefügt wird, der nicht bereits im Subjekt enthalten ist.

Beispiel: Dieser Schimmel ist schnell.

54 **Welcher Philosoph prägte die Unterscheidung zwischen analytischen und synthetischen Urteilen und welche Beispiele gab er?**

Immanuel Kant (1724–1804).

Beispiel für analytisches Urteil: Alle Körper sind ausgedehnt.
Beispiel für synthetisches Urteil: Alle Körper sind schwer.

55 **Was rechnet Rudolf Carnap (1891–1970) zu den sinnvollen Sätzen?**

Analytische Aussagen, die auf Grund ihrer Form zwangsläufig wahr sind; die Negationen solcher Sätze, die zwangsläufig falsch sind; Erfahrungssätze, die wahr oder falsch sein können.

56 **Was versteht man unter ›Dialektik‹ im erkenntnistheoretischen Sinn?**

(gr. dialégein = Rede und Gegenrede führen) Eine Erkenntnismethode, die im Durchgang durch gegensätzliche Positionen zur Wahrheitsfindung kommen will.

57 **Wie lautet der ›Homo-mensura-Satz‹?**

»Der Mensch ist das Maß aller Dinge, der seienden, dass sie sind, und der nichtseienden, dass sie nicht sind.«

58 **Wem wird der ›Homo-mensura-Satz‹ zugeschrieben, und was besagt er?**

Protagoras (ca. 490–411 v. Chr.). Alles Erkennen und Werten hängt vom Einzelmenschen ab und ist somit subjektiv und relativ.

59 **Was bezeichnet man als ›Mäeutik‹ (Maieutik)?**

(gr. maieutiké [téchne] = Hebammenkunst) Die sokratische Methode, durch gezielte Gesprächsführung die im Menschen liegenden Erkenntnisse freizulegen.

60 **Was ist der erkenntnistheoretische Standpunkt des ›Skeptizismus‹?**

(gr. sképtesthai = spähend umherblicken) Es gibt keine Erkenntnis.

61 **Welche zwei Formen des Skeptizismus wurden in der Antike vertreten?**

Die pyrrhonische Skepsis, begründet von Pyrrhon von Elis (365–275 v. Chr.) und die akademische Skepsis, begründet von Arkesilaos (316/5–241/0 v. Chr.).

62 **Inwiefern ist der ›extreme Skeptizismus‹ selbstwidersprüchlich?**

Wenn es keine Erkenntnis geben kann, ist auch das Credo des Skeptizismus ›Es gibt keine Erkenntnis‹ keine Erkenntnis.

63 **Was versteht man unter ›Fallibilismus‹?**

(lat. fallere = sich irren, sich täuschen) Es gibt keine Gewissheit, kein irrtumfreies Fundament der Erkenntnis und keine endgültigen Theorien.

64 **Warum kann es beim ›Perspektivismus‹ keine absolute gültige Erkenntnis geben?**

Weil alle Erkenntnisse vom persönlichen Standpunkt, von der Perspektive des Erkennenden, abhängen. Eine standortfreie Allgemeingültigkeit gibt es also nicht.

65 **Was ist der erkenntnistheoretische Standpunkt des ›Relativismus‹?**
Alle Erkenntnisse gelten nur relativ (z.B. für eine bestimmte Zeit, für eine bestimmte Kultur, usw.).

66 **Welchen erkenntnistheoretischen Standpunkt vertritt der ›Probabilismus‹?**
Dass das Wissen nur einen bestimmten Wahrscheinlichkeitswert hat, da Gewissheit nicht zu erreichen ist (vgl. Fallibilismus).

67 **Welche Grundüberzeugung vertritt der erkenntnistheoretische ›Subjektivismus‹?**
(lat. subiectum = das Zugrundeliegende) Alle Erkenntnisse gelten nur subjektiv (vgl. Perspektivismus).

68 **Was ist ›erkenntnistheoretischer Dogmatismus‹?**
Das blinde Vertrauen in die menschliche Erkenntnisfähigkeit, ohne vorhergehende kritische Prüfung.

69 **Was besagt im Kern die ›Abbildtheorie‹ der Erkenntnis?**
Menschliche Erkenntnis liefert ein Abbild der objektiven Realität.

70 **Was ist die ›Widerspiegelungstheorie‹?**
Die erkenntnistheoretische Auffassung, dass in der menschlichen Erkenntnis die objektive Wirklichkeit widergespiegelt wird.

71 **In welcher Schrift hat Wladimir I. Lenin (1870–1924) die ›Widerspiegelungstheorie‹ als die Erkenntnistheorie des orthodoxen Marxismus expliziert?**
In *Materialismus und Empiriokritizismus*, 1909.

72 **Was ist der erkenntnistheoretische Standpunkt des ›Rationalismus‹?**
(lat. ratio = Vernunft) Der Rationalismus stellt das vernunftmäßige Denken in den Mittelpunkt. Als Erkenntnisquelle hat das Denken Vorrang gegenüber der Erfahrung.

Es gibt erfahrungsunabhängige Erkenntnis aus reiner Vernunft. Durch richtiges (vernünftiges) Denken ist es möglich, gesicherte Erkenntnis zu erlangen.

73 **Was ist die Grundüberzeugung von Karl Poppers (1902–1994) ›kritischem Rationalismus‹?**
Es gibt kein definitiv sicheres Wissen, sondern bloß eine Annäherung an die Wahrheit.

74 **Was unterscheidet den ›kritischen Rationalismus‹ vom ›klassischen Rationalismus‹?**
Die Überzeugung, dass es keine Letztbegründung geben kann, wohl aber die Möglichkeit, durch kritische Prüfung der Wahrheit näher zu kommen, ohne allerdings jemals definitive Gewissheit zu erreichen.

75 **Wer waren die Hauptvertreter des klassischen Rationalismus?**
René Descartes (1595–1650), Benedictus Spinoza (1632–1677), Gottfried Wilhelm Leibniz (1646–1716), Christian Wolff (1679–1754).

76 **Wie stellt sich der Rationalismus zur Frage nach der Möglichkeit eines ›synthetischen Wissens a priori‹?**
Es gibt synthetisches Wissen a priori, d. h. ein Erweiterungswissen, das nicht auf empirischer Erfahrung beruht.

77 **Was ist die erkenntnistheoretische Kernthese des ›Sensualismus‹?**
(lat. sensus = Empfindung, Sinn) Dass alle Erkenntnis (einschließlich der Resultate des Denkens) auf sinnlicher Wahrnehmung basiert.

78 **Was besagt die Grundthese des ›Empirismus‹?**
(gr. empeiría = Erfahrung) Dass alles Wissen in Erfahrung gründet.
Die Grundthese findet sich in einem bekannten lateinischen Ausdruck ›nihil est in intellectu quod non fuerit in sensu‹ (Es ist nichts im

Verstand, was nicht vorher in den Sinnen war). Der Empirismus, im Gegensatz zum Rationalismus, geht weiters davon aus, dass das Kind keine angeborenen Ideen besitzt, sondern dass sich das Bewusstsein des Neugeborenen mit einem unbeschriebenen Blatt (lat. tabula rasa) vergleichen lässt.

79 **Wer sind die Hauptvertreter des neuzeitlichen Empirismus?**

John Locke (1632–1704), David Hume (1711–1776), George Berkeley (1685–1753) und John Stuart Mill (1806–1873).

80 **Wo verläuft für den Empirismus die Grenze unserer Erkenntnis?**

Alles, was die Erfahrung übersteigt, ist unserer Erkenntnis unzugänglich.

81 **Welche Formel setzt Gottfried Wilhelm Leibniz dem Satz ›Es ist nichts im Verstand, was nicht vorher in den Sinnen war‹ entgegen?**

›Außer dem Verstand selbst‹ (lat. nisi intellectus ipse).

82 **Worauf beruhen für Leibniz die Vernunft- und die Tatsachenwahrheiten?**

Die Vernunftwahrheiten beruhen auf dem Satz vom zu vermeidenden Widerspruch, die Tatsachenwahrheiten auf dem Prinzip vom zureichenden Grunde.

Beispiele: Vernunftwahrheit: Es regnet oder es regnet nicht.
Tatsachenwahrheit: Dieser Schimmel ist schnell.

83 **Wie stellt sich der Empirismus zur Frage nach der Möglichkeit eines synthetischen Wissens a priori?**

Es gibt kein synthetisches Wissen a priori.

»Wie Moritz Schlick einmal bemerkte, kann man den Empirismus definieren als eine Richtung, die behauptet, daß es kein synthetisches a priori gibt. Das ist in nuce der ganze Empirismus.« (Rudolf Carnap, 1891–1970)

84 **In welchem Werk behandelt Locke die Frage nach dem Ursprung und der Reichweite der menschlichen Erkenntnis?**

In *Ein Versuch über den menschlichen Verstand* (An Essay concerning Human Understanding, 1690).

85 **In welche zwei Klassen unterteilt Hume die Bewusstseinsinhalte?**

In ›impressions‹ (Eindrücke), d.h. Sinneswahrnehmungen und ›ideas‹ (Vorstellungen), d.h. Abbildungen von Eindrücken in Form von Begriffen.

86 **Wer war der Begründer der ›deutschen Schulphilosophie‹?**

Christian Wolff (1679–1754).

87 **Was beabsichtigte Immanuel Kant (1724–1804) mit seinem Werk *Kritik der reinen Vernunft* (1781/1787)?**

Eine Synthese von Rationalismus und Empirismus.

88 **Was ist für Kant ›reine Vernunft‹?**

Die Vernunft vor jeder Erfahrung.

89 **Was wären nach Kant Erkenntnisse aus reiner Vernunft?**

Solche, die unabhängig von aller Erfahrung erzielt werden können, z.B. Sätze der Mathematik.

90 **In welchem Sinn versteht Kant im Titel seiner Hauptschriften den Begriff ›Kritik‹?**

Im Sinn von Unterscheidung und Absonderung. Die *Kritik der reinen Vernunft* (1781/1787) ist die Prüfung des Vernunftvermögens vor aller empirischen Erfahrung.

91 **Wie begreift Kant die ›Erkenntnis‹?**

Als aus empirischer Erfahrung und apriorischem Erkenntnisvermögen zusammengesetzt.

»Daß alle unsere Erkenntnis mit der Erfahrung anfange, daran ist gar kein Zweifel; denn wodurch sollte das Erkenntnisvermögen sonst

zur Ausübung erweckt werden, geschähe es nicht durch Gegenstände, die unsere Sinne rühren (...). Der Zeit nach geht also keine Erkenntnis in uns vor der Erfahrung vorher und mit dieser fängt alle an.

Wenn aber gleich alle unsere Erkenntnis mit der Erfahrung anhebt, so entspringt sie darum doch nicht eben alle aus der Erfahrung. Denn es könnte wohl sein, daß selbst unsere Erfahrungserkenntnis ein Zusammengesetztes aus dem sei, was wir durch Eindrücke empfangen, und dem, was unser eigenes Erkenntnisvermögen (...) aus sich selbst hergibt (...).«

92 **Mit welchem Satz bringt Kant die Beziehung zwischen apriorischer Erkenntnisstruktur und empirischer Erfahrung zum Ausdruck?**

Mit dem Satz: »Gedanken ohne Inhalt sind leer, Anschauungen ohne Begriffe sind blind.«

93 **Wer hat – nach seinem eigenen Bekunden – Kant aus seinem »dogmatischen Schlummer« geweckt?**

David Hume (1711–1776).

94 **Wie wird Kants Philosophie bezeichnet?**

Als Kritizismus und als transzendentaler Idealismus.

95 **Was ist ›Kritizismus‹?**

(gr. kritiké [téchne]) = Unterscheidungskunst, Kritik) Die Kantische Vorgehensweise, kritisch nach den Bedingungen der Möglichkeit der Erkenntnis und nach der Reichweite des (erfahrungsunabhängigen) Vernunftvermögens zu fragen.

96 **Worin besteht die transzendentalphilosophische Position Kants?**

›Dinge an sich‹ existieren, sind aber unerkennbar. Menschliche Erkenntnis ist Erkenntnis der Welt, wie sie uns erscheint, nicht wie sie an sich existiert.

97 **Welche zwei ›Anschauungsformen‹ unterscheidet Kant?**

Raum und Zeit.

98 **Was sind ›Anschauungsformen‹?**

Die Formen, die für unsere Wahrnehmung konstitutiv sind.

Raum und Zeit kommen nicht den Dingen an sich zu, sondern sind die apriorischen (unabhängig von aller empirischen Erfahrung bestehenden) Formen, in denen uns die Dinge erscheinen.

99 **Wie stellt sich Kant zur Frage nach der Möglichkeit ›synthetischer Urteile a priori‹?**

Es gibt für ihn synthetische Urteile a priori, z. B. die Sätze der Geometrie und Arithmetik.

100 **Was sind die Kennzeichen des ›erkenntnistheoretischen Idealismus‹?**

Der erkenntnistheoretische Idealismus nimmt an, dass eine vom Bewusstsein der erkennenden Subjekte unabhängige Wirklichkeit entweder nicht existiert oder zumindest nicht erkennbar ist. Alles, was wir wahrnehmen und denken können, ist Bewusstseinsinhalt.

101 **Was ist der erkenntnistheoretische Standpunkt des ›Solipsismus‹?**

(lat. solus = allein und ipse = selbst) Das subjektive Ich mit seinen Bewusstseinsinhalten ist das einzige Seiende; nach solipsistischer Auffassung sind die Welt und die Mitmenschen nur Inhalt des eigenen Bewusstseins.

102 **Was ist ›Agnostizismus‹?**

(gr. agnoéin = nicht wissen, unentschieden sein) Die Überzeugung, dass es keine metaphysische (über die sinnliche Erfahrung hinausgehende) Erkenntnis geben kann.

103 **Wie heißt ein/e Anhänger/In des Agnostizismus?**

Agnostiker/In.

104 **Auf wen geht der Ausdruck ›Agnostizismus‹ zurück?**

Auf den Zoologen und Physiologen Thomas Huxley (1825–1895).

105 **Wie lautet die Grundthese des ›erkenntnistheoretischen Realismus‹?**

Es gibt eine von den erkennenden Subjekten unabhängige, erkennbare Wirklichkeit.

106 **Welchen erkenntnistheoretischen Standpunkt vertritt der ›naive Realismus‹?**

Die These, dass die an einem Gegenstand wahrgenommenen Eigenschaften objektiv-real sind. Die Welt ist so beschaffen, wie sie der Mensch wahrnimmt.

107 **Was ist erkenntnistheoretischer ›Positivismus‹?**

(lat. positivus = gesetzt, gegeben) Der antimetaphysische Standpunkt, der nur das Positive, d. h. das sinnlich Gegebene, als Erkenntnisgegenstand zulässt.

Die Grenzen der Erfahrungswelt sind folglich auch die Grenzen der Erkenntnis; nach einem Etwas hinter dem Gegebenen zu suchen ist sinnlos und führt nur zu leeren Spekulationen.

108 **Wer gilt als Begründer des Positivismus?**

August Comte (1798–1857).

109 **Was besagt Comtes ›Dreistadiengesetz‹?**

Die Entwicklung des menschlichen Denkens vollzieht sich in drei Stadien: dem theologischen oder fiktiven, dem metaphysischen oder abstrakten und dem wissenschaftlichen oder positiven.

»Im positiven Stadium anerkennt der menschliche Geist die Unmöglichkeit, zu absoluten Begriffen zu gelangen; er verzichtet darauf, nach Ursprung und Bestimmung des Weltalls zu fragen und die verborgenen Ursachen der Erscheinungen zu erkennen. Sein ganzes Streben richtet sich einzig darauf, durch verstandesmäßiges Denken und Beobachten ihre wirklichen Gesetze, d. h. ihre unabänderlichen Beziehungen in Ablauf und Ähnlichkeit zu erkennen.«

110 **Was ist die Grundidee des ›Behaviorismus‹ und wer war sein Begründer?**

(engl. behavior = Verhalten) Der Behaviorismus als Forschungsrichtung der Psychologie bedient sich ausschließlich der Fremdbeobachtung anstelle der oftmals verwendeten Eigenbeobachtung. Im Mittelpunkt steht der Zusammenhang von Reiz und Reaktion. Der Begründer war John Broadus Watson (1878–1958).

111 **Welchen erkenntnistheoretischen Standpunkt vertritt der ›Pragmatismus‹?**

(gr. prágma = Handlung, Sache, Erfolg) Eine Überzeugung ist dann wahr, wenn sie sich praktisch bewährt.

112 **Wer waren die Hauptvertreter des Pragmatismus?**

Charles Sanders Peirce (1839–1914), William James (1842–1910), John Dewey (1859–1952).

113 **Wie lautet für Peirce der Leitsatz des Pragmatismus?**

»Überlege, welche Wirkungen, die denkbarerweise praktische Relevanz haben könnten, wir dem Gegenstand unseres Begriffes in unserer Vorstellung zuschreiben. Dann ist unser Begriff dieser Wirkungen das Ganze unseres Begriffes des Gegenstandes.«

114 **Was ist ›Strukturalismus‹?**

Ein forschungstheoretischer Ansatz, besonders der Anthropologie und der Linguistik, der die strukturelle Verbundenheit der Phänomene betont.

115 **Wer sind die Hauptvertreter des Strukturalismus?**

Ferdinand de Saussure (1857–1913) und Claude Lévi-Strauss (*1908).

116 **Welche Philosophen gelten als Hauptvertreter des ›Poststrukturalismus‹?**

Michel Foucault (1926–1984), Jacques Derrida (1930–2004), Gilles Deleuze (1925–1995), Jean-François Lyotard (1924–1998).

117 **Was ist der Kerngedanke der ›evolutionären Erkenntnistheorie‹?**
Die menschliche Erkenntnisausstattung hat sich durch Anpassungsvorgänge evolutionär entwickelt. Sie ist in Bezug auf das Individuum a priori (der Erfahrung vorgängig), in Bezug auf den Menschen als Gattungswesen aber a posteriori (durch stammesgeschichtliche Erfahrung erworben).

118 **Wie lautet die Grundthese des ›Psychologismus‹?**
Die Grundlage der Philosophie ist die Psychologie; das gilt für Spezialdisziplinen wie die Logik und Erkenntnistheorie, aber auch für die Philosophie im Ganzen.

119 **Was besagt der erkenntnistheoretische Standpunkt des ›Relationismus‹?**
Die Dinge lassen sich nicht als unabhängige, voneinander getrennte Wesenheiten erkennen; es besteht nur die Möglichkeit der Erkenntnis von Beziehungen zwischen Dingen und Begriffen. Die Frage nach dem Wesen der Dinge wird als sinnlos abgetan.

120 **Welchen erkenntnistheoretischen Standpunkt vertritt die ›Lebensphilosophie‹?**
Sie fordert eine Zurückweisung der Ratio und eine Zuwendung zum Leben; insbesondere fragt sie nach dem Ziel, Wert und Sinn des Lebens, indem sie sich dem Leben und Erleben widmet und das theoretische Wissen darauf bezieht.

Logik 121–240

121 **Was ist ›Logik‹?**

Die Lehre vom geordneten und folgerichtigen Denken.

122 **Wer gilt als Schöpfer der Logik?**

Aristoteles (384–324 v. Chr.) beschäftigte sich in seinem Werk *Organon* erstmals mit Logik.

123 **Was ist für Aristoteles in seiner Schrift *Metaphysik* das sicherste Prinzip?**

»Das sicherste unter allen Prinzipien ist dasjenige, bei welchem Täuschung unmöglich ist«; das »ohne Voraussetzung gelten« muss, »welches jeder notwendig besitzen« muss und »das er schon zum Erkennen mitbringen [muss]«.

124 **Welches ist dieses sicherste und voraussetzungslos geltende Prinzip?**

Der Satz vom ausgeschlossenen Widerspruch:

»(...) dass nämlich dasselbe demselben und in derselben Beziehung (...) unmöglich zugleich zukommen und nicht zukommen kann.«

125 **Welcher Satz zeigt beispielsweise die Denkunmöglichkeit des Widerspruchs?**

›Der Kreis ist nicht rund.‹

Der Kreis (als ideales Gebilde/als geometrische Figur) ist definiert als gebogene Linie mit konstanten Abständen zur Kreismitte. Der Kreis kann deshalb nicht als nicht-rund gedacht werden.

126 **Was besagt der Satz vom ›lügenden Kreter‹?**

Wenn der Kreter Epimenides (7./6. Jh. v. Chr.), von dem der Satz ›Alle Kreter lügen‹ stammen soll, die Wahrheit sagt, dann lügt er, denn er ist ein Kreter.

127 **Wie lässt sich die Geschichte der Logik grob einteilen?**

In die traditionelle, die neuzeitliche und die mathematische Logik.

Die erste Phase wurde dominiert von der traditionellen Logik, die ihren Anfang mit Aristoteles fand und bis zum ausgehenden Mittelalter die dominierende Logik war. In der zweiten Phase, der Phase der neuzeitlichen Logik, wurden vor allem erkenntnistheoretische und psychologische Fragestellungen in der Logik bearbeitet. Die zweite Phase nahm ihren Anfang mit der Logik von Port-Royal *(1662) und endete im Großen und Ganzen mit der* Begriffsschrift *(1879) Freges. Die dritte Phase, die durch die Arbeiten von Frege eingeleitet wurde, wird als symbolische oder mathematische Logik bezeichnet. Die Logiker der dritten Phase distanzierten sich von psychologischen Fragestellungen und widmeten sich spezifisch logischen Problemen.*

128 **Welche Gesetze oder Regeln beschreibt die Logik?**

Gesetze des Seins (ontologischer Ansatz; zum Teil in der ersten Phase); Gesetze des Denkens (psychologischer Ansatz; dominant in der zweiten Phase); Gesetze der Sprache (linguistischer Ansatz; erste und dritte Phase).

129 **Womit befasst sich nach Aristoteles die Logik?**

Mit Begriff, Urteil und Schluss.

130 **Welche Arten von Begriffen gibt es?**

Es gibt Individualbegriffe, die sich jeweils nur auf einen Gegenstand beziehen und Allgemeinbegriffe, welche die gemeinsamen Merkmale einer Gruppe von Dingen umfassen.

Beispiele für Individualbegriffe: ›Sokrates‹ oder ›der 43. Präsident der USA‹

Beispiele für Allgemeinbegriffe: Der Begriff ›Baum‹ bezeichnet eine Pflanze, bestehend aus Wurzel, Krone, Stamm und umfasst alle Varianten, auf die diese Wesenseigenschaften zutreffen. – Der Begriff ›Rechteck‹ bezeichnet eine geometrische Figur mit je zwei gleich langen Seiten, die im rechten Winkel zueinander stehen und umfasst alle Gebilde, auf die diese Wesenseigenschaften zutreffen.

131 **Was ist die ›Extension‹ eines Begriffs?**

Der Umfang eines Begriffs, d. h. die Klasse aller Gegenstände, die unter den Begriff fallen.

Beispiel: Der Begriff ›Mensch‹ umfasst die Klasse aller Menschen.

132 **Was ist die ›Intension‹ eines Begriffs?**

Der Inhalt eines Begriffs, d. h. die Summe der Merkmale eines Begriffs.

Beispiel: Der Begriff ›Mensch‹ hat folgende Merkmale: vernünftiges Lebewesen (lat. animal rationale), Kommunikationsfähigkeit, Gang auf zwei Beinen, usw.

133 **In welchem Verhältnis stehen ›Intension‹ und ›Extension‹ zueinander?**

In einem verkehrt proportionalen Verhältnis; d. h. je größer die Extension, umso kleiner die Intension und je größer die Intension, umso kleiner die Extension des Begriffs.

Beispiel: ›Mensch weiblichen Geschlechts‹ hat eine größere Intension als ›Mensch‹ alleine, mehr Inhalt, mehr Merkmale, aber dafür eine geringere Extension, einen geringeren Umfang, denn die Menschen weiblichen Geschlechts bilden nur eine echte Teilmenge der Menge aller Menschen.

134 **Was ist die ›Extension‹, was die ›Intension‹ eines Satzes?**

Die Extension ist sein Wahrheitswert, die Intension sein Sinn, Inhalt oder Gedanke.

135 **Was ist ein ›Urteil‹?**

Ein Satz mit Behauptungscharakter; im einfachsten Fall eine Verbindung zweier Begriffe, des Subjektbegriffs und des Prädikatbegriffs, durch die Kopula.

Beispiel: Der Kreis (Subjektbegriff, kurz: Subjekt) *ist* (Kopula) *rund* (Prädikatbegriff, kurz: Prädikat).

136 **Wie heißt das Bindeglied zwischen Subjekt- und Prädikatbegriff?**

Kopula (= ist). Die Kopula verbindet nicht nur Subjekt- und Prädikatbegriff, sondern sie ist auch Ausdruck des Behauptungscharakters.

137 **Welche vier wesentlichen Verwendungsweisen der Wortes ›ist‹ gibt es?**

›Ist‹ als Existenzbehauptung, z. B. ›Gott ist‹.
›Ist‹ als Ausdruck für Identität,
z. B. ›Der Morgenstern ist der Abendstern‹. [a = b]
›Ist‹ als Kopula, z. B. ›Der Morgenstern ist hell‹.
›Ist‹ als Subsumption,
z. B. ›Der Morgenstern ist ein Planet (Venus)‹. [Pa]

138 **Wer machte darauf aufmerksam, dass das Verb ›existieren‹, wie es im Satz ›Gott existiert‹ vorkommt, kein Prädikat im logischen Sinne ist?**

Immanuel Kant (1724–1804).

139 **Welchen Zweck hat das Verb ›existieren‹ für Kant?**

Es vollzieht eine Setzung in der Wirklichkeit.

140 **Was ist ein ›Subjekt‹?**

Das, dem ein Prädikat mit Hilfe der Kopula zu- oder abgesprochen werden kann.

141 **Was ist ein ›Prädikat‹?**

Das, was einem Subjekt mit Hilfe der Kopula zu- oder abgesprochen werden kann.

Elementarsatz: Das Haus ist schön.
Subjekt: Haus
Prädikat: schön

142 **Was sind ›Kategorien‹?**

Die obersten, allgemeinsten Begriffe.

143 **Wie heißen die zehn Kategorien des Aristoteles?**

Substanz, Quantität, Qualität, Relation, Ort, Zeit, Tun, Leiden, Sichverhalten, Sichbefinden (Lage).

144 **Wann liegt ein ›Kategorienfehler‹ vor?**

Wenn einem Ding eine Eigenschaft zugeschrieben wird, die ihm nicht zukommen kann. Die falsche Eigenschaftszuschreibung ergibt einen sinnlosen Satz.

Beispiel: Geometrische Figuren haben einen bitteren Geschmack.

145 **Wie lauten die vier Urteilsformen von Aristoteles?**

Universal positive Urteile:
Alle S sind P (Alle Philosophen sind weise).
Universal negative Urteile:
Kein S ist P (Kein Philosoph ist weise).
Partikulär positive Urteile:
Einige S sind P (Einige Philosophen sind weise).
Partikulär negative Urteile:
Einige S sind nicht P (Einige Philosophen sind nicht weise).

146 **Was ist ein ›deskriptives‹, was ist ein ›präskriptives‹ Urteil?**

Ein deskriptives Urteil sagt, was ist; ein präskriptives schreibt vor, was sein soll. Ein deskriptives Urteil ist beschreibend, ein präskriptives ist vorschreibend.

Beispiel: Das Auto ist rot (deskriptives Urteil). Man soll bei Rot nicht über die Straße gehen (präskriptives Urteil).

147 **Auf was lässt sich ›ist wahr‹ sinnvoll anwenden?**

Auf deskriptive Sätze.

148 **Was ist ein ›Werturteil‹?**

Ein Urteil, das die wertende Stellung gegenüber einem Gegenstand oder gegenüber einer Gegebenheit zum Ausdruck bringt.

Beispiel: Das Kind ist brav (ethisches Werturteil). Das Haus ist schön (ästhetisches Werturteil).

149 **Was ist ein ›Schluss‹?**

Die Ableitung eines Urteils aus anderen Urteilen.

Beispiel: *Alle Menschen sind sterblich.*
Alle Griechen sind Menschen.
Alle Griechen sind sterblich (Schluss).

150 **Was ist ein ›Enthymem‹?**

Ein verkürzter Schluss, der stillschweigend eine oder mehrere Prämissen voraussetzt.

Annahme: *Alle Menschen sind sterblich.*
Also: *Peter ist sterblich.*
(›Peter ist ein Mensch‹ wurde mitgedacht.)

151 **Was ist eine ›Prämisse‹?**

(lat. praemissum = das Vorausgeschickte) Der Vordersatz eines Schlusses. Aus einer oder mehreren Prämissen wird eine Konklusion abgeleitet.

Prämisse 1: *Alle Menschen sind sterblich.*
Prämisse 2: *Sokrates ist ein Mensch.*
Konklusion: *Sokrates ist sterblich.*

152 **Worin besteht das zwingende Moment bei logisch korrekten Schlüssen?**

Wenn die Prämissen wahr sind, dann muss die Konklusion wahr sein.

Beispiel: *Wenn heute Montag ist, dann ist morgen Dienstag.*
Heute ist Montag.
Morgen ist Dienstag.

153 **Was ist ein ›Syllogismus‹?**

Ein Schluss aus zwei Prämissen. In einem Syllogismus sind nur die vier Urteilsformen von Aristoteles erlaubt. Die Prämissen enthalten zwei Außenbegriffe (P, S) und einen Mittelbegriff (M), die Konklusion enthält nur noch die Außenbegriffe (P, S).

Prämisse 1:	*Alle M sind P.*	*Beispiel:*	*Alle Menschen sind sterblich.*
Prämisse 2:	*Alle S sind M.*		*Alle Griechen sind Menschen.*
Schluss:	*Alle S sind P.*		*Alle Griechen sind sterblich.*

154 **Wie lauten die vier Figuren der Syllogismen?**

I.	II.	III.	IV.
M P	P M	M P	P M
S M	S M	M S	M S
S P	S P	S P	S P

Beispiele:

I. Alle Menschen sind sterblich.
Alle Griechen sind Menschen.
Alle Griechen sind sterblich.

II. Kein Mensch hat Federn.
Alle Raben haben Federn.
Kein Rabe ist ein Mensch.

III. Alle Kühe sind Paarhufer.
Alle Kühe haben ein Fell.
Einige Fellträger sind Paarhufer.

IV. Alle Philosophen sind weise.
Alle Weisen sind alt.
Einige Weise sind Philosophen.

155 **In welcher beliebten grafischen Form lassen sich die Syllogismen darstellen?**

In der Form von Venn-Diagrammen, die nach John Venn (1834–1923) benannt worden sind.

Beispiel: Alle Menschen sind sterblich.
Alle Griechen sind Menschen.
Alle Griechen sind sterblich.

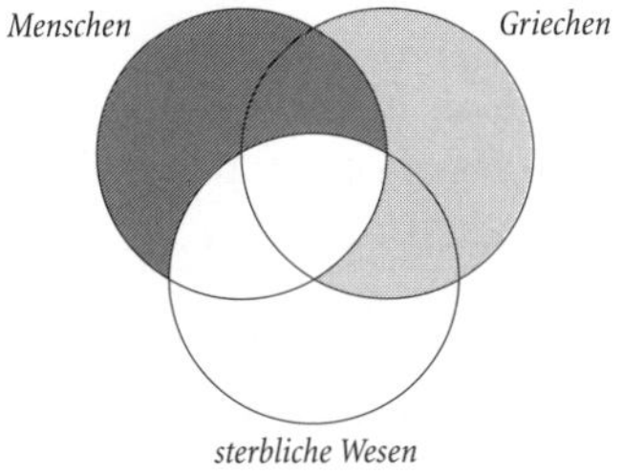

Erklärung zur Skizze: Was dunkelgrau ausgefüllt ist, enthält keine Elemente (es gibt keine nicht-sterblichen Menschen – 1. Prämisse); was hellgrau ausgefüllt ist, enthält keine Elemente (es gibt keine nicht-menschlichen Griechen – 2. Prämisse); weiß (und damit nicht-leer) bleibt nur jener Teil des Kreises für ›Griechen‹, der innerhalb des Kreises für ›sterbliche Wesen‹ liegt – Konklusion daher: ›Alle Griechen sind sterblich‹.

156 **Was ist eine ›Deduktion‹?**

Die Ableitung eines Urteils aus anderen Urteilen; oftmals wird mit der Deduktion auch die Ableitung des Besonderen aus dem Allgemeinen bezeichnet.

Beispiel: *Alle Raben sind schwarz.*
John ist ein Rabe.
John ist schwarz.

157 **Nach welchen vier Gesichtspunkten können Urteile betrachtet werden?**

Nach Quantität, Qualität, Relation und Modalität.

158 **Wie teilt man die Urteile nach der ›Qualität‹ ein?**

In bejahende (affirmative) und verneinende (negative) Urteile.

Bejahend: *Das Wetter ist schön.*
Verneinend: *Das Auto ist nicht grün.*

159 **Wie teilt man die Urteile nach der ›Quantität‹ ein?**

In allgemeine (universelle) und besondere (partikuläre) Urteile.

Allgemeine: *Alle Mädchen sind schön.*
Besondere: *Einige Bilder sind schön.*

160 **Wie teilt man die Urteile nach der ›Relation‹ ein?**

In kategorische Urteile, hypothetische (Wenn-dann-Urteile) und disjunktive (Entweder-oder-Urteile).

Kategorisches: *Die Erde ist rund.*
Hypothetisches: *Wenn das Wetter schön ist, dann gehe ich spazieren.*
Disjunktives: *Entweder gehe ich ins Theater oder ich bleibe zu Hause.*

161 **Wie teilt man die Urteile nach der ›Modalität‹ ein?**

In problematische, assertorische und apodiktische Urteile. Es geht dabei darum, wie stark die Kopula Subjekt und Prädikat verbindet. Beim problematischen Urteil ist diese Bindung am schwächsten, beim apodiktischen am stärksten.

Apodiktisch (Notwendigkeit):	*Eine Kugel ist notwendigerweise rund.*
Assertorisch (Wirklichkeit):	*Diese Kugel ist rot.*
Problematisch (Möglichkeit):	*Diese Kugel ist möglicherweise schwer.*

162 **Was ist das ›Antecedens‹, was das ›Konsequens‹ einer konditionalen Aussage?**

In einer konditionalen Aussage (wenn – dann) wird das Vorderglied als Antecedens und das Folgeglied als Konsequens bezeichnet.

Beispiel: Wenn das Wetter schön ist (Antecedens), *gehen wir schwimmen* (Konsequens).

163 **Wer waren – mit welchen Werken – die Vorläufer der mathematischen Logik?**

Raimund Lullus (1232–1316), *Ars generalis*
Gottfried Wilhelm Leibniz (1646–1716), *Characteristica universalis*
Antoine Arnauld (1612–1694) / Pierre Nicole (1625–1695), *Logik von Port Royal*

164 **Auf welchen Denkern basiert die moderne Logik?**

Gottlob Frege (1848–1925) schaffte mit seinem Werk *Begriffsschrift* (1879) einen neuen mathematischen Zugang zur Logik und begründete somit die moderne Logik. Weiters ist auch das Werk von George Boole (1815–1864) *The Mathematical Analysis of Logic* (1847) zu nennen, das ebenfalls die mathematische Logik initiierte.

165 **Was sind die wichtigsten logischen Zeichen?**

$\forall$ Allquantor; $\exists$ Existenzquantor; $\neg$ Negation; $\equiv$ dann und nur dann, wenn (materiale Äquivalenz); $\rightarrow$ wenn – dann (materiale Implikation); $\wedge$ und; $\vee$ das nicht ausschließende Oder.

Achtung: Die Logiker verwenden sehr verschiedene Notationen. Die obige ist nur eine von ihnen.

166 **Was ist ein ›Axiom‹?**

Ein Satz, der aufgrund seiner Evidenz weder beweisbar noch beweisbedürftig ist. In der formalen Logik sind Axiome Grundannahmen, die an der Spitze einer formalen Theorie stehen und aus denen weitere Sätze ableitbar sind.

167 **Was ist ein ›Theorem‹?**

Lehrsätze der Mathematik und Logik werden als Theoreme bezeichnet.

In einer formalen Theorie gelten die Axiome und alle daraus ableitbaren Sätze als Theoreme dieser Theorie.

168 **Was ist ein ›Postulat‹?**

(lat. postulare = fordern) Eine denknotwendige Forderung oder Annahme, die keinen strengen Beweis braucht, dennoch aber aufgrund von systematischen oder praktischen Erwägungen gesetzt werden muss.

Euklid (330–275 v. Chr.) hatte in seinen Elementen *unterschieden zwischen Axiomen und Postulaten. Axiome waren für ihn grundlegende Beschreibungen (›Punkt ist, was keine Teile hat‹), Postulate grundlegende Konstruktionsmöglichkeiten (›Zwischen zwei Punkten kann man eine Gerade ziehen‹).*

169 **Was sind die obersten Prinzipien des Wahrseins?**

Grundsätze, an die unser Denken notwendigerweise gebunden ist.

170 **Welche obersten Prinzipien des Wahrseins gibt es?**

Satz der Identität, Satz vom ausgeschlossenen Widerspruch, Satz vom ausgeschlossenen Dritten.

171 **Was besagt der ›Satz der Identität‹?**

(vom lat. idem = dasselbe) Jeder Gegenstand ist mit sich selbst identisch.

Die formale Schreibweise dieses Satzes ist $A = A$.

172 **Mit welchem Satz hat Parmenides (ca. 540–480 v. Chr.) den Satz der Identität zum Ausdruck gebracht?**

»Dies aber kann niemals erzwungen werden, dass etwas ist, was es nicht ist.«

173 **Was besagt der ›Satz vom ausgeschlossenen Widerspruch‹?**

Demselben kann nicht zugleich und in gleicher Hinsicht etwas zukommen und nicht zukommen. A kann nicht zugleich Nicht-A sein.

Die formale Schreibweise dieses Satzes ist $\neg(A \wedge \neg A)$. *[*$\neg$ *nicht;* $\wedge$ *und]*

174 **Was ist ein ›Widerspruch‹?**

Ein Verstoß gegen das logische Grundgesetz des Satzes vom ausgeschlossenen Widerspruch.

Beispiel: Das Auto ist über die gesamte Oberfläche rot und zur gleichen Zeit über die gesamte Oberfläche nicht rot.

175 **Was besagt der ›Satz vom ausgeschlossenen Dritten‹?**

Alles, was ist, ist entweder A oder Nicht-A. ›Tertium non datur‹ (lat. für: ein Drittes gibt es nicht).

Die formale Schreibweise dieses Satzes ist $(A \vee \neg A)$. *[*$\neg$ *nicht;* $\vee$ *oder]*

176 **Was ist eine ›kontingente Aussage‹?**

(lat. contingere = sich ereignen) Kontingente Aussagen drücken die Zufälligkeit im Gegensatz zur Notwendigkeit aus. Alle empirischen Aussagen werden in der Logik als kontingent angesehen. Solche Aussagen können beide Wahrheitswerte (wahr/falsch) annehmen.

Beispiel: Der Ball ist schwarz.

177 **Was ist eine ›Tautologie‹?**

Eine Aussage, die notwendigerweise immer wahr ist. Sie sagt nichts über die Welt aus, da sie keine empirische Aussage ist.

Beispiel: Es regnet oder es regnet nicht.

178 **Was ist eine ›Kontradiktion‹?**

Eine Aussage, die sich selbst widerspricht und demzufolge notwendigerweise immer falsch ist. Kontradiktionen sagen ebenfalls nichts über die Welt aus, da auch sie keine empirischen Aussagen sind.

Beispiel: Es regnet und es regnet nicht.

179 **Was analysiert die ›Aussagenlogik‹?**

Zusammengesetzte Sätze, die in Teilsätze zerlegt werden, die aber immer noch vollständige Sätze sind. Untersucht werden die Zusammenhänge, die zwischen den Wahrheitswerten der Teilsätze und des ganzen Satzes bestehen.

Teilsatz 1: *Das Auto ist rot. [p Elementaraussage 1]*
Teilsatz 2: *John kauft das Auto. [q Elementaraussage 2]*
Argument: *Wenn das Auto rot ist, dann kauft John das Auto.*
John kauft das Auto nicht.
Das Auto ist nicht rot.
Formalisiert: $[(p \rightarrow q) \wedge \neg q] \rightarrow \neg p$
[$\rightarrow$ wenn – dann; $\wedge$ und; $\neg$ nicht]

180 **Was bezeichnen die Variablen und Junktoren der Aussagenlogik?**

Die Variablen stehen für Sätze, die Junktoren für logische Operatoren.

Variable: p, q, r, usw.

Junktoren: und ($\wedge$), oder ($\vee$), nicht ($\neg$), usw.

181 **Welcher Philosoph war maßgeblich für die Einführung der ›Wahrheitstafeln‹ verantwortlich?**

Ludwig Wittgenstein (1889–1951).

182 **Was ist der Zweck von Wahrheitstafeln?**

Sie dienen der Überprüfung, ob eine aussagenlogische Formel eine Kontradiktion, eine Tautologie oder ob sie kontingent ist. Sie können auch zur Definition von Junktoren verwendet werden.

183 **Inwieweit unterscheidet sich die ›Prädikatenlogik erster Ordnung‹ von der ›Aussagenlogik‹?**

Die Prädikatenlogik bleibt bei ihren Analysen nicht auf der Ebene der Elementarsätze stehen, sondern sie zerlegt diese Sätze weiter in ihre Bestandteile. Dabei macht sie Gebrauch von der Funktion-Argument-Struktur und von Quantoren. Die Junktoren der Aussagenlogik werden aber auch in der Prädikatenlogik erster Ordnung verwendet.

Elementarsatz 1:	*Wilhelm ist krank.*
Formalisiert:	*Pa [P: einstelliges Prädikat (›ist krank‹); a: Individuenkonstante (›Wilhelm‹)]*
Elementarsatz 2:	*John liebt Mary.*
Formalisiert:	*aRb [R: zweistelliges Prädikat (›liebt‹); a, b: Individuenkonstanten (›John‹, ›Mary‹)]*
Elementarsatz 3:	*Jeder liebt jemanden.*
Formalisiert:	*∀x ∃y Rxy [∀: Allquantor (›für alle x gilt: …‹); ∃: Existenzquantor (›für mindestens ein y gilt: …‹); R: zweistelliges Prädikat (›liebt‹)]*

Der Grund dafür, dass Elementarsatz 3 Variablen (Schreibweise: x, y, z) und keine Individuenkonstanten (Schreibweise: a, b, c) enthält, liegt bei den Wörtern ›jeder‹ und ›jemanden‹, denn diese Wörter bezeichnen nicht einen konkreten Gegenstand. ›Jeder‹ wird in der Prädikatenlogik mit dem Allquantor wiedergegeben, ›jemanden‹ mit dem Existenzquantor. Im Unterschied dazu beinhalten die Elementarsätze 1 und 2 Eigennamen, die einen ganz bestimmten Gegenstand bezeichnen.

Unterschied zwischen gebundenen und freien Variablen: Fallen die Variablen unter einen Quantor, dann sind sie gebunden. Im Elementarsatz 3 sind beide Variablen gebunden, da x vom Allquantor und y vom Existenzquantor gebunden wird. Wird eine Variable nicht von einem Quantor gebunden, dann wird sie als freie Variable bezeichnet. Kommt eine Variable frei vor, dann spricht man von einem offenen Satz. Sind alle Variablen gebunden, dann erhält man eine Aussage. Während Elementarsatz 3 eine Aussage ist, wird Elementarsatz 4 als ein offener Satz bezeichnet (wichtig: offene Sätze haben keine Wahrheitswerte, da sie keine vollständigen Sätze sind).

Elementarsatz 4: *x ist grün. [offener Satz ohne Wahrheitswert]*
Formalisiert: *Px [P: einstelliges Prädikat (›ist grün‹);*
x: Variable (frei und nicht gebunden)]
Komplexer Satz: *x ist eine Stadt und x ist groß.*
[offener Satz ohne Wahrheitswert]
Formalisiert: *Sx ∧ Gx [S: einstelliges Prädikat (›ist eine Stadt‹);*
G: einstelliges Prädikat (›ist groß‹);
x: Variable (frei und nicht gebunden);
∧: und (Junktor)]

Am Beispiel des komplexen Satzes kann man sehen, dass in der Prädikatenlogik die Junktoren der Aussagenlogik ebenfalls ihre Verwendung finden.

Einige Gesetze: $Fa \rightarrow \exists x\, Fx; \forall x\, Fx \rightarrow \exists y\, Fy;$ *[→ wenn – dann; F: einstelliges Prädikat; für den Rest siehe oben]*

184 **Wie lassen sich die vier Urteilsformen von Aristoteles in prädikatenlogischer Form darstellen?**

Allgemein positives Urteil (a): Alle Philosophen sind weise.
$\forall x\, (Px \rightarrow Wx)$
Allgemein negatives Urteil (e): Kein Philosoph ist weise.
$\forall x\, (Px \rightarrow \neg Wx)$
Partikulär positives Urteil (i): Einige Philosophen sind weise.
$\exists x\, (Px \wedge Wx)$
Partikulär negatives Urteil (o): Einige Philosophen sind nicht weise.
$\exists x\, (Px \wedge \neg Wx)$

185 **Was ist das ›logische Quadrat‹?**

Eine graphische Darstellung der Zusammenhänge der vier Urteilsformen von Aristoteles.

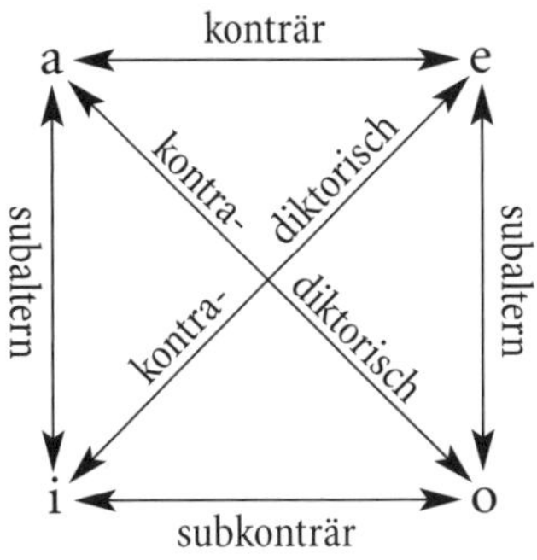

Kontradiktorisch: *Nicht beide wahr, nicht beide falsch, daher genau eines wahr, das andere falsch; Quantität und Qualität verschieden.*

Konträr: *Nicht beide wahr, aber unter Umständen beide falsch; Quantität universell, Qualität verschieden.*

Subkonträr: *Nicht beide falsch, aber unter Umständen beide wahr; Quantität partikulär, Qualität verschieden.*

Subaltern: *Ist das universelle Urteil wahr, so auch das partikuläre (bzw. gleichwertig: ist das partikuläre Urteil falsch, so auch das universelle); Quantität verschieden, Qualität gleich.*

Den Subalternbeziehungen liegt eine implizite Existenzannahme zugrunde. Aus S a P folgt S i P nur dann, wenn der Umfang von S nicht leer ist, wenn es also etwas gibt, das unter den Begriff S fällt.

186 **Was ist ein ›Gegensatz‹?**

Die Unverträglichkeit zweier oder mehrerer Begriffe miteinander.

Für die Logik sind die kontradiktorischen und die konträren Gegensätze wesentlich. Stehen zwei Urteile in einem kontradiktorischen Verhältnis zueinander, so ist ein Urteil wahr, das andere aus logischen Gründen falsch. Stehen zwei Urteile in einem konträren Verhältnis zueinander, so können beide Urteile aus logischen Gründen nicht beide wahr, wohl aber beide falsch sein.

Kontradiktorischer Gegensatz: blau – nicht blau;
Es regnet. – Es regnet nicht.

Konträrer Gegensatz: blau – rot;
Alle Philosophen sind weise. – Kein Philosoph ist weise.

187 **Wann stehen zwei Urteile in einem ›subkonträren Gegensatz‹ zueinander?**

Wenn beide Urteile zugleich wahr sein können, aber nicht beide zugleich falsch.

Beispiel: Einige Tiere sind Säugetiere. Einige Tiere sind nicht Säugetiere.

188 **Wie nennt man die Folgerungsbeziehung zwischen einem allgemeinen und dem korrespondierenden partikulären Urteil?**

Subalternation.

Beispiel:

Alle Philosophen sind weise (superalterne Position).

→ Einige Philosophen sind weise (subalterne Position).

Kein Philosoph ist weise (superalterne Position).

→ Einige Philosophen sind nicht weise (subalterne Position).

Man sieht, dass die besagte Folgerungsbeziehung nur jeweils zwischen den positiven oder zwischen den negativen Urteilen gilt. Bei einer Mischung wird dieser Schluss ungültig. Die Umkehrung dieser Folgerungsbeziehung, also vom partikulären zum allgemeinen Urteil, ist nicht gültig.

189 **Was ist eine ›Funktion‹?**

Eine feste gegenseitige Abhängigkeit zweier (oder mehrerer) wechselnder Größen.

Beispiel: $y = F(x) = x^2 + 1$

190 **Was ist eine ›Quantifizierung‹?**

Die Bindung einer Variablen durch einen Quantor.

Wenn man Quantoren verwendet, setzt man dabei implizit einen Grundbereich von Entitäten voraus, auf den sich die Quantoren beziehen (den Rang der Quantoren oder das Universum des jeweiligen Modells). $\forall x\, Px$ *besagt dann, dass alle Elemente (des Grundbereichs) die Eigenschaft P haben,* $\exists x\, Px$ *bedeutet: Es gibt (mindestens) ein Element (des Grundbereichs), das die Eigenschaft P hat.*

191 **Wie hängt die ›Existenzquantifizierung‹ mit der ›Allquantifizierung‹ zusammen?**

$\forall x\, Fx \equiv \neg \exists x \neg Fx$; $\exists x\, Fx \equiv \neg \forall x \neg Fx$;

Beispiel: Die Aussage ›Für alle x gilt: x ist rot‹ ist material äquivalent zur Aussage ›Es gilt nicht: für mindestens ein x gilt: x ist nicht rot‹.

192 **Was ist die ›numerische‹, was die ›qualitative Identität‹?**

Die numerische Identität ist die Identität im engeren Sinne, d.h. a und b sind derselbe Gegenstand und der Zahl nach ein einziges Ding. Die qualitative Identität umfasst einen weiteren Bereich, d.h. a und b sind zwei verschiedene Gegenstände, die sich aber in einer Eigenschaft oder in mehreren gleichen.

193 **Was besagt der ›Grundsatz der Identität des Nicht-Unterscheidbaren‹ (lat. principium identitatis indiscernibilium) von Gottfried Wilhelm Leibniz (1646–1716)?**

a ist numerisch identisch mit b oder anders gesagt $a = b$ bedeutet nach Leibniz $\forall P\, (Pa \equiv Pb)$. [zu lesen als: für alle Eigenschaften P gilt: a hat die Eigenschaft P dann und nur dann, wenn b die Eigenschaft P hat.]

194 **Was ist eine ›Klasse‹?**

Die Gesamtheit der Gegenstände, die unter denselben Begriff fallen.

Beispiel: Alle roten Gegenstände bilden die Klasse des Begriffs ›rot‹.

195 **Was wäre ein Beispiel für eine ›Komplementärmenge‹?**

Die Komplementärmenge zur Menge der Menschen sind alle Gegenstände, die nicht menschlich sind.

Wenn man annimmt, dass die Eigenschaft F eine Menge kennzeichnet, in der alle Gegenstände enthalten sind, die die Eigenschaft F besitzen, dann würde die Komplementärmenge zu der oben beschriebenen Menge alle Gegenstände enthalten, die nicht die Eigenschaft F besitzen. Somit bilden die Gegenstände der beiden Mengen die Gesamtheit aller Gegenstände.

196 **Was ist eine ›Relation‹?**

Eine Beziehung oder ein Verhältnis von zwei oder mehreren Objekten zueinander. In der Prädikatenlogik erster Ordnung werden Relationen durch zwei- oder mehrstellige Prädikate ausgedrückt.

Halbformalisiert Satz: x ist größer als y

Formalisiert: xRy oder Rxy

[R…Relation oder zweistelliges Prädikat]

197 **Was ist eine ›Satzfunktion‹?**

Ein offener Satz bzw. ein Satz, der Leerstellen, d. h. freie Variable beinhaltet.

Satzfunktion: x ist blau

Formalisiert: Px

198 **Was ist eine ›Adjunktion‹?**

Die Verknüpfung zweier Aussagen durch das nicht-ausschließende ›Oder‹.

$p \vee q$: Die Variablen p und q stehen für Sätze. Die Sätze sind mit der Adjunktion verknüpft. Dieser komplexe Satz ist falsch, dann und nur dann, wenn p und q beide falsch sind, ansonsten ist dieser Satz wahr.

Beispiel: Das hat Max oder Moritz (oder beide haben es) getan.

199 **Was ist eine ›Konjunktion‹?**

Die Verknüpfung zweier Aussagen durch das logische ›Und‹.

$p \wedge q$: Die Variablen p und q stehen für Sätze. Die Sätze sind mit der Konjunktion verknüpft. Dieser komplexe Satz ist wahr, dann und nur dann, wenn p und q beide wahr sind, ansonsten ist dieser Satz falsch.

Beispiel: Peter fährt mit dem Zug und hört Musik.

200 **Was ist eine ›Negation‹?**

Eine Verneinung.

$\neg p$: Die Variable p steht für einen Satz. Wenn p wahr ist, dann ist $\neg p$ falsch. Die Negation kehrt den Wahrheitswert eines Satzes um.

Beispiel: Das Auto ist nicht grün.

201 **Was ist eine ›materiale Implikation‹?**

Eine Satzverknüpfung, die sprachlich oft durch ›wenn – dann‹ wiedergegeben wird, die nur dann den Wahrheitswert ›falsch‹ hat, wenn der erste Teilsatz wahr und der zweite Teilsatz falsch ist.

$p \rightarrow q$: *Die Variablen p und q stehen für Sätze. Die Sätze sind mit der materialen Implikation verknüpft. Dieser komplexe Satz ist falsch, dann und nur dann, wenn p wahr und q falsch ist, ansonsten ist dieser Satz immer wahr. Zwischen den Sätzen p und q muss kein inhaltlicher Zusammenhang bestehen (siehe Beispiel).*

Beispiel: Wenn der Mond ein großer Diamant ist,
dann ist 2 + 3 = 5.

202 **Worin besteht die ›Paradoxie der materialen Implikation‹?**

Paradox an der materialen Implikation ist die Tatsache, dass (a) jeder wahre Satz aus jedem beliebigen Satz folgt und (b) dass jeder beliebige Satz aus jedem falschen Satz folgt. Die Paradoxie der materialen Implikation entspringt aus ihrer rein extensionalen Definition.

Beispiel: (a) Wenn der Mond ein großer Diamant ist, dann ist 2 + 3 = 5. (b) Wenn der Mond ein großer Diamant ist, dann ist 2 + 3 = 6.

203 **Was ist eine ›Kontraposition‹?**

Die Umkehrung einer Implikation bei gleichzeitiger Verneinung der Teilsätze. Wenn die ursprüngliche Implikation wahr ist, ist auch deren Kontraposition wahr.

Annahme: $p \rightarrow q$

Kontraposition: $\neg q \rightarrow \neg p$

Beispiel: Wenn es regnet, ist die Straße nass. Kontraposition: Wenn die Straße nicht nass ist, regnet es nicht.

204 **Was ist eine ›Konversion‹?**

Die Umkehrung einer Aussage, bei der Subjekt- und Prädikatbegriff ihre Position tauschen.

Annahme: Kein Pferd ist ein Vogel.

Konversion: Kein Vogel ist ein Pferd.

205 **Wann liegt eine ›logische Implikation‹ vor?**

Wenn die Wahrheit eines Satzes S_1 oder mehrerer Sätze S_1, S_2, S_3, … S_n für die Wahrheit eines anderen Satzes S_n+1 bürgt/bürgen. Die logische Implikation ist nicht die materiale Implikation. Die materiale Implikation ist ein Junktor, d. h. eine bloße Satzverknüpfung (wenn – dann).

Beispiel: Die Sätze ›Alle Menschen sind sterblich‹ und ›Alle Griechen sind Menschen‹ implizieren logisch den Satz ›Alle Griechen sind sterblich‹.

206 **Wie stellt sich das Schlussverfahren des ›modus ponens‹ dar?**

Die Variablen p und q stehen für Elementarsätze oder komplexe Sätze.

$[(p \rightarrow q) \wedge p]$ // q   → wenn – dann; ∧ und;
// soll den Schluss anzeigen

Beispiel: Wenn heute Mittwoch ist, dann ist morgen Donnerstag.
Heute ist Mittwoch.
Morgen ist Donnerstag.

207 **Wie stellt sich das Schlussverfahren des ›modus tollens‹ dar?**

Die Variablen p und q stehen für Elementarsätze oder komplexe Sätze.

$[(p \rightarrow q) \wedge \neg q]$ // ¬ p   → wenn – dann; ∧ und;
¬ nicht;
// soll den Schluss anzeigen

Beispiel: Wenn heute Mittwoch ist, dann ist morgen Donnerstag.
Morgen ist nicht Donnerstag.
Heute ist nicht Mittwoch.

208 **Welchen Sachverhalt beschreibt die lateinische Aussage ›ex falso sequitur quodlibet, verum sequitur ex quodlibet‹?**

Aus einer falschen Aussage kann alles Beliebige gefolgert werden, und eine wahre Aussage kann aus einer beliebigen Voraussetzung folgen.

209 **Was bedeutet der lateinische Ausdruck ›quod erat demonstrandum‹?**

›Was zu beweisen war‹. Damit wird die erfolgreiche Beweisführung bestätigt.

210 **Was heißt es, ein Argument ›ad absurdum‹ zu führen?**

Mit ›absurd‹ wird etwas Widersinniges oder Unsinniges bezeichnet. Ein Argument lässt sich ad absurdum führen, wenn es gelingt, die Sinnlosigkeit oder die Selbstwidersprüchlichkeit der Behauptung nachzuweisen.

211 **Was ist ein ›argumentum ad hominem‹?**

Ein Argument der Beweisführung, das sich nicht auf sachliche, sondern auf dem Hörer oder Gegner angepasste Argumente stützt.

Beispiel: »Wenn du der Meinung bist, dass nichts selbstevident ist, dann werde ich mit Dir nicht argumentieren, denn es ist klar, dass Du jemand bist, der sich in Äquivokationen ergeht und nicht überzeugbar ist.« (Duns Scotus, 1266–1308)

212 **Was ist eine ›petitio principii‹?**

Ein Argument, in dem die gewünschte Konklusion in abgewandelter Form in die Prämissen mit aufgenommen wird, um dann wiederum die Konklusion abzuleiten. Es handelt sich also um einen Zirkelschluss.

Beispiel: »(...) nur dann, wenn man meint, dass ich hätte anders handeln können, werde ich für mein Tun für moralisch verantwortlich gehalten. Man hält nämlich den Menschen nicht für moralisch verantwortlich für eine Handlung, die zu vermeiden nicht in seiner Macht stand.« (Alfred Jules Ayer, 1910–1989)

213 **Was ist ein ›Argument aus der Autorität‹?**

Ein Argument, das seine Konklusion aus Prämissen herleitet, die sich auf Autoritäten oder Institutionen berufen. Dies ist keine geeignete Möglichkeit, einem Argument Geltung zu verschaffen.

Beispiel: Alle Physiker bilden hinsichtlich der Möglichkeit eines Perpetuum mobile eine verlässliche Autorität.

Alle Physiker sind sich dahingehend einig, dass es ein Perpetuum mobile nicht geben kann.
Also: Es gibt kein Perpetuum mobile.

214 **Wann besteht eine ›Analogie‹?**

Wenn eine Gleichheit oder Ähnlichkeit von Verhältnissen zwischen zwei vergleichbaren Dingen besteht.

Beispiel: Das menschliche Gehirn arbeitet wie ein Hochleistungscomputer.

215 **Was ist ein ›Analogieargument‹?**

Ein Argument, das eine These mit einer Analogie begründet.

Beispiel: »Sowenig wie das Lesen kann die bloße Erfahrung das Denken ersetzen. Die reine Empirie verhält sich zum Denken wie Essen zum Verdauen und Assimilieren. Wenn jene sich brüstet, dass sie allein durch ihre Entdeckungen das menschliche Wissen gefördert habe; so ist es, wie wenn der Mund sich rühmen wollte, dass der Bestand des Leibes sein Werk allein sei.« (Arthur Schopenhauer, 1788-1860)

216 **Wann besteht zwischen zwei Argumenten eine ›logische Analogie‹?**

Wenn sie dieselbe Form aufweisen; der Inhalt kann dabei vernachlässigt werden.

Für die Gültigkeit eines Arguments ist ausschließlich seine Form verantwortlich. Zwei logisch analoge Argumente sind also entweder beide wahr, wenn die Argumentform gültig ist oder beide falsch, wenn die Argumentform ungültig ist.

217 **Wann spricht man von einer ›Widerlegung aufgrund logischer Analogie‹?**

Wenn man zu einem Argument A ein logisch analoges Argument B ausfindig macht, d.h. ein Argument mit derselben Form, von dem man weiß, dass die Prämissen wahr sind, die Konklusion aber falsch ist. Folglich ist die Form des Arguments ungültig und somit ist auch das Argument A ungültig und widerlegt.

Beispiel:	*Alle Säugetiere sind sterblich.*	*(wahr)*
	Alle Katzen sind sterblich.	*(wahr)*
	Alle Katzen sind Säugetiere.	*(wahr)*
Widerlegung:	*Alle Säugetiere sind sterblich.*	*(wahr)*
	Alle Fische sind sterblich.	*(wahr)*
	Alle Fische sind Säugetiere.	*(falsch)*

218 **Was ist ein ›circulus vitiosus‹?**

Ein fehlerhafter Kreislauf, sei es in einem Zirkelschluss oder in einer Zirkeldefinition.

Beispiel: Kunst ist, was vom Kunstbetrieb als Kunst deklariert wird.

219 **Was ist ein ›Paralogismus‹?**

Ein Fehlschluss oder Denkfehler.

220 **Was ist ein ›Fehlschluss‹?**

Ein nur scheinbarer Schluss.

Annahme 1:	*Alle Säugetiere sind sterblich.*
Annahme 2:	*Alle Wale sind sterblich.*
Also:	*Alle Wale sind Säugetiere.*

221 **Was versteht man unter einer ›Determination‹?**

(lat. determinare = begrenzen, bestimmen) Die Einschränkung eines Begriffs durch die Angabe weiterer Merkmale.

Allgemeiner Begriff ›Mensch‹ ⟹ (Determination) enger Begriff ›Mensch mit blauen Augen‹.

222 **Was heißt ›inkonsequent‹?**

(lat. in = nicht und consequi = folgen) Nicht-folgerichtig.

223 **Wann ist etwas ›irreduzibel‹?**

Wenn es sich nicht auf etwas anderes zurückführen lässt.

224 **Was versteht man unter einer ›Isomorphie‹?**

(gr. ísos = gleich, ähnlich; morphé = Gestalt) Eine strukturerhaltende eineindeutige Abbildung.

Achtung: ›Eineindeutig‹ (ein mathematischer Begriff) ist nicht mit ›eindeutig‹ zu verwechseln.

225 **Was ist eine ›Paradoxie‹?**

(gr. pará = gegen und dóxa = Meinung) Ein widersinniger Satz, der aber dennoch wahr sein und eine Erkenntnis ausdrücken kann.

Beispiel: Nur wenn man auch verliert, wird man zum wahren Sieger.

226 **Wann liegt eine ›Aporie‹ vor?**

(gr. áporos = ohne Weg) Wenn eine Ausweglosigkeit oder eine Unmöglichkeit besteht, ein Problem zu lösen, weil in der Sache selbst oder in den verwendeten Begriffen Widersprüche enthalten sind.

Beispiel: Die Vergangenheit existiert nicht mehr. Die Zukunft existiert noch nicht. Die Gegenwart ist der Schnittpunkt aus Vergangenheit und Zukunft. Demzufolge existiert die Gegenwart auch nicht.

227 **Wann spricht man von einer ›Antinomie‹?**

(gr. antinomía = Widerspruch des Gesetzes mit sich selbst) Wenn sich zwei Sätze widersprechen, obwohl für jeden von ihnen gleich gute Gründe zu sprechen scheinen.

Zwei Sätze p und non-p sind unabhängig voneinander beweisbar, obwohl sie in einem kontradiktorischen Verhältnis zueinander stehen und eigentlich einer wahr und der andere falsch sein müsste.

Beispiel: Thesis: »Die Welt hat einen Anfang in der Zeit und ist dem Raum nach auch in Grenzen eingeschlossen.«

Antithesis: »Die Welt hat keinen Anfang und keine Grenzen im Raume, sondern ist sowohl in Ansehung der Zeit als des Raumes unendlich.« (Immanuel Kant, 1724–1804)

228 **Was ist ein ›apagogischer Beweis‹?**

(gr. apagogé = Wegführung, Ableitung) Ein indirekter Beweis, der durch die Widerlegung des kontradiktorischen Gegenteils von p die Wahrheit von p beweist.

Behauptung:	*p*
Voraussetzung:	*nicht-p*
Ableitung:	*aus nicht-p leitet man einen Widerspruch ab.*
Konklusion:	*nicht-p ist falsch; p ist wahr*

229 **Wie unterscheidet Gottlob Frege (1848–1925) ›Sinn‹ von ›Bedeutung‹?**

Der Sinn eines Zeichens ist die Gegebenheitsweise seiner Bedeutung, wobei die Bedeutung der Referenzgegenstand des Zeichens ist. Der Sinn eines Satzes ist sein Gedanke, die Bedeutung sein Wahrheitswert.

Beispiel: Die Bedeutung der Eigennamen ›Abendstern‹ und ›Morgenstern‹ ist in beiden Fällen dieselbe; beide Namen referieren auf den Planeten Venus. Der Sinn, d. h. wie die Venus gegeben ist, ist jedoch verschieden, denn der Abendstern ist der Stern, der in der Abenddämmerung als erster sichtbar wird, der Morgenstern ist der Stern, der in der Morgendämmerung als letzter vom Sternenhimmel verschwindet.

230 **Was ist der Grundgedanke des ›Logizismus‹?**

Die Auffassung, dass die Mathematik eine logische Disziplin ist und demzufolge mathematische Wahrheiten auf logische reduzierbar seien. Der Logizismus lehnt jede Form von Psychologie in der Logik ab.

231 **Mit welchem Werk versuchten Alfred North Whitehead (1861–1947) und Bertrand Russell (1872–1970) das logizistische Programm zu realisieren?**

Mit *Principia Mathematica*, 1910–13.

232 **Was ist ›Logistik‹?**

Ein Sammelbegriff für die symbolische, algebraische und mathematische Logik. Die moderne Logik, die eine vollkommene Formalisierung anstrebt, wird als Logistik bezeichnet.

233 **Was versteht man unter ›traditioneller Logik‹?**

Die Logik des Aristoteles.

234 **Was versteht man unter ›klassischer Logik‹?**
Die Aussagenlogik und die Prädikatenlogik.

235 **Was sind Beispiele für ›extensionale Logiksysteme‹?**
Aussagenlogik und Prädikatenlogik.

236 **Wann spricht man von ›binärer‹ oder ›zweiwertiger Logik‹?**
(lat. binarius = zwei enthaltend) Binäre oder zweiwertige Logiksysteme basieren auf dem Satz des ausgeschlossenen Dritten, d.h. in dieser Logik finden sich nur die zwei Wahrheitswerte ›wahr‹ und ›falsch‹.

237 **Was ist die Idee der ›mehrwertigen Logiken‹?**
Die mehrwertigen Logiken arbeiten mit mehr als zwei Wahrheitswerten (z.B. in der dreiwertigen Logik: wahr, falsch, unbestimmt), während die klassische Logik nur zwei Wahrheitswerte kennt. Es gibt sogar Logiken mit unendlich vielen Wahrheitswerten.

238 **Welche Logiksysteme fallen unter die ›erweiterten Logiken‹?**
Zum Beispiel Modallogik, temporale Logik, deontische Logik, epistemische Logik.

Vereinfacht gesagt, fügen diese Logiksysteme den logischen Operatoren der klassischen Logik weitere Operatoren (z.B. intensionale Operatoren) hinzu.

239 **Welche Logiksysteme fallen unter die ›abweichenden Logiken‹?**
Zum Beispiel mehrwertige Logik, freie Logik, intuitionistische Logik.

Grob gesprochen, bauen diese Logiksysteme auf Annahmen auf, die von der klassischen Logik abweichen. Die freie Logik vermeidet alle Schlussweisen, die von impliziten Existenzannahmen Gebrauch machen, die intuitionistische Logik schließt zahlreiche nicht-konstruktive Verfahren aus.

240 **Was untersucht die ›Metalogik‹?**
(gr. metá = zwischen, nach) Die Eigenschaften und Beziehungen der logischen Systeme zueinander und zu ihren Modellen.

Sprachphilosophie 241–303

241 **Womit beschäftigt sich die ›Sprachphilosophie‹?**

Mit dem Wesen der Sprache. Dabei werden die Entwicklung, Bedeutung und Funktion der Sprache beleuchtet.

242 **Was sind ›Sprachen‹?**

Sprachen sind Zeichensysteme.

243 **Wie lauten die drei Dimensionen der Sprache?**

Syntaktische, semantische und pragmatische Dimension.

Syntaktische Dimension: Zeichenebene
Semantische Dimension: Bedeutungsebene
Pragmatische Dimension: Handlungsebene

244 **Welche grundsätzlichen Funktionen hat die Sprache?**

Ausdruck, Appell, Darstellung.

Funktion des Ausdrucks:
Die Sprache kann emotionale Zustände ausdrücken.
Funktion des Appells:
Mit der Sprache lassen sich Befehle, Warnungen und Hilferufe ausdrücken.
Funktion der Darstellung:
Die Sprache kann Sachverhalte darstellen.

245 **Was ist ein ›Zeichen‹?**

Etwas, das für etwas anderes steht.

Beispiele: Rote Bremslichter sind ein Zeichen dafür, dass das voranfahrende Auto die Geschwindigkeit reduziert. Die Ziffer 1 als Zeichen steht für die Zahl 1.

246 **Worin liegt der Unterschied zwischen ›Erwähnung‹ und ›Verwendung‹ eines Zeichens?**

Wird ein Zeichen erwähnt, dann wird über das Zeichen selbst gesprochen. Wird ein Zeichen verwendet, dann wird das Zeichen als Zeichen für anderes gebraucht.

Beispiel für Erwähnung: ›Rot‹ besteht aus drei Buchstaben.

Beispiel für Verwendung: Rot ist eine Farbe.

Beispiel für beides: Die Identität der römischen Ziffer ›I‹ mit dem Großbuchstaben ›I‹ des lateinischen Alphabets ist augenscheinlich. (In diesem Satz wird die römische Ziffer ›I‹ erwähnt, aber nicht verwendet; der Großbuchstabe ›I‹ des lateinischen Alphabets wird erwähnt und auch einmal im Wort ›Identität‹ verwendet.)

247 **Was ist das ›Signifikat‹, was der ›Signifikant‹ eines Zeichens?**

Signifikat: das Bezeichnete (lat. significatum = das Bezeichnete)
Signifikant: die materielle Gestalt des Zeichens (Laut oder Buchstabe) (lat. significans = das Bezeichnende)

248 **Was ist ›Semiotik‹?**

(gr. séma = Zeichen) Die allgemeine Theorie der sprachlichen Zeichen und ihres Gebrauchs.

249 **Welche Spezialdisziplinen beinhaltet die Semiotik?**

Semantik, Syntaktik (Syntax) und Pragmatik.

250 **Was untersucht die ›Semantik‹?**

Die Beziehung zwischen dem Zeichen und dem Bezeichneten, d.h. zwischen der Sprache und den Objekten.

251 **Was untersucht die ›Syntaktik‹ (Syntax)?**

(gr. sýntaxis = Zusammenstellung) Die Beziehung zwischen den Zeichen untereinander, d.h. zwischen Zeichen und Zeichen.

252 **Was untersucht die ›Pragmatik‹?**

(gr. prágma = Handlung, Tat, Sache) Die Beziehungen zwischen dem Zeichen und dem Zeichenbenützer.

253 **Was ist ein ›Wort‹?**

Eine Aneinanderreihung von Schriftzeichen oder Lauten, die einen Begriff, eine Vorstellung oder einen Gegenstand bezeichnet.

254 **Welchen Zweck haben ›Eigennamen‹?**

Sie dienen dazu, dass man sich situationsunabhängig auf eine bestimmte individuelle Entität beziehen kann.

Beispiel: Der Eigenname ›Mount Everest‹ benennt den höchsten Berg der Erde.

255 **Wie können Eigennamen umschrieben werden?**

Durch Kennzeichnungen.

Beispiel: ›Mount Everest‹ kann durch ›der höchste Berg der Erde‹ ersetzt werden. ›Neil Armstrong‹ kann durch ›der erste Mensch auf dem Mond‹ ersetzt werden.

256 **Wer formulierte die ›Theorie der Kennzeichnungen‹ (engl. theory of denotation)?**

Bertrand Russell (1872–1970), um Ausdrücke, die möglicherweise nichts bezeichnen (»der gegenwärtige König von Frankreich«), zu eliminieren.

257 **Was ist ein ›Satz‹?**

Eine Abfolge von Zeichen oder Lauten, die den Regeln der Syntax entsprechen muss, damit eine Information übermittelt werden kann.

258 **Was ist der ›propositionale Gehalt einer Äußerung‹?**

Der Inhalt einer Äußerung, bzw. das, was man äußert; nach Gottlob Frege (1848–1925) der Gedanke.

Beispiel: Die Sätze ›Es schneit‹, ›Es ist wahr, dass es schneit‹, ›Es ist eine Tatsache, dass es schneit‹, ›It is snowing‹ haben alle denselben propositionalen Gehalt.

259 **Was sind ›singuläre Sätze‹?**

Sätze, die nur über bestimmte Einzelfälle berichten; Sätze, deren (logisches) Subjekt ein Einzelding ist.

Beispiel: Dies ist ein Auto. Sokrates ist sterblich.

260 **Was ist ein ›Konditionalsatz‹?**

Ein Bedingungssatz, der ein Bedingungsverhältnis (wenn – dann) ausdrückt.

Beispiele: Wenn es regnet, ist die Straße nass. Wenn du klug gewesen wärst, hättest du dein Geld nicht verschleudert.

261 **Was ist eine ›Tatsache‹?**

Ein bestehender Sachverhalt.

262 **Was ist eine ›Definition‹?**

Die Bestimmung eines Begriffs durch die Benennung seiner Merkmale.

263 **Wie lautet die lateinische Formel für die Definition?**

›Definitio fit per genus proximum et differentiam spezificam‹ (lat. für: Die Definition soll durch den nächsthöheren Gattungsbegriff und durch die spezifische Differenz erfolgen).

Beispiel: Der Mensch ist ein vernunftbegabtes Tier. Der Mensch ist ein Tier (genus proximum); der Mensch ist ein Tier mit Vernunftbegabung (differentia spezifica).

264 **Was ist das ›Definiendum‹, was das ›Definiens‹ einer Definition?**

Das Definiendum ist das, was mit Hilfe des Definiens definiert wird. Das Definiendum ist das zu Definierende, das Definiens ist das Definierende.

Beispiel: Der Mensch (Definiendum) ist ein vernunftbegabtes Lebewesen (Definiens).

265 **Was kennzeichnet eine ›Realdefinition‹?**

Die Realdefinition soll eine an sich schon gegebene Bedeutung erfassen bzw. die Bedeutung eines schon bekannten Wortes genauer umreißen. So besehen kann die Realdefinition wahr oder falsch sein. Gegensatz: Nominaldefinition.

Beispiel für Realdefinition: Der Mensch ist ein vernunftbegabtes Lebewesen.

266 **Was ist eine ›Nominaldefinition‹?**

Eine Nominaldefinition legt fest, in welcher Weise ein neues Wort verwendet wird und welche Bedeutung das Wort hat. Sie führt ein neues Wort in die Sprache ein. Sie kann zweckmäßig oder unzweckmäßig sein.

Beispiel: Nominaldefinition von ›strikte Implikation‹: eine notwendige materiale Implikation.

267 **Was ist eine ›Explikation‹?**

Die Explikation präzisiert einen vagen oder mehrdeutigen Begriff der Alltagssprache.

Beispiel: Ein ›Handy‹ ist ein mobiles Telefon.

268 **Welche (wichtigeren) Wahrheitstheorien gibt es?**

Korrespondenztheorie, Kohärenztheorie, Konsenstheorie, pragmatische Wahrheitstheorie.

269 **Was besagt die ›Korrespondenztheorie‹?**

Eine Aussage ist wahr, wenn der von ihr beschriebene Sachverhalt zutrifft. Die Korrespondenztheorie wird auch Abbildtheorie genannt.

270 **Was besagt die ›Kohärenztheorie‹?**

Eine Aussage ist wahr, wenn sie nicht im Widerspruch zu anderen Aussagen desselben Kontextes steht.

Wenn eine Theorie eine Aussagenmenge S darstellt und die Aussage A, die berechtigterweise für die Theorie als relevant angesehen wird, keinen Widerspruch in S erzeugt, dann ist A wahr.

271 **Was besagt die ›Konsenstheorie‹?**

Eine Aussage ist wahr, wenn die überwiegende Mehrheit der Menschen in dieser Aussage übereinstimmt.

272 **Was besagt die ›pragmatische Wahrheitstheorie‹?**

Eine Aussage ist wahr, wenn sie sich bewährt, d. h. als nützlich und brauchbar erwiesen hat.

273 **Wodurch entstehen ›Allgemeinbegriffe‹?**

Allgemeinbegriffe entstehen durch Abstraktion, die das gemeinsame Sosein vieler Entitäten unter einem Begriff zusammenfassen. Die stets nach bestimmten leitenden Gesichtspunkten vorgenommene Abstraktion filtert jene Eigenschaften dieser Entitäten heraus, die ihnen allen gemeinsam sind.

Beispiel: Zahlreiche Lebewesen haben mehr oder weniger auffällige Gemeinsamkeiten in bestimmter Hinsicht, z. B. in Körperbau, Verhaltens- und Ernährungsweise usw. und werden deshalb z. B. unter dem Begriff ›Katzen‹ zusammengefasst. Von den Unterschieden hinsichtlich anderer als der berücksichtigten Aspekte, z. B. von der Farbe des Fells, der Länge der Haare usw. wird abgesehen (abstrahiert).

274 **Was sind die ›substantiellen Merkmale eines Begriffs‹?**

Die wesentlichen Merkmale, d.h. alle jene Eigenschaften, die etwas haben muss, damit es unter diesen Begriff fällt.

Beispiel: Der Begriff ›Mensch‹ hat die wesentlichen Merkmale Vernunft und Lebendigkeit.

275 **Was sind die ›akzidentellen Eigenschaften‹ eines Gegenstandes, der unter einen Begriff fällt?**

Die Eigenschaften, die nicht zu den Merkmalen des Begriffes gehören, unter den der Gegenstand fällt.

Beispiel: Hautfarbe, Augenfarbe, Körpergröße des Menschen

276 **Was sind die ›Merkmale‹, was die ›Eigenschaften‹ eines Begriffs?**

Die Merkmale konstituieren die Bedeutung des Begriffs, sind Teil seiner Bedeutung; sie sind die Eigenschaften all dessen, was unter den Begriff fällt. Aber der Begriff kann natürlich auch selbst Eigenschaften haben, z. B. kann er ein abstrakter Begriff sein.

Beispiel: Zu den Merkmalen des Begriffs ›Tiger‹ gehört unter anderem ›gestreift‹. Alles, was ein Tiger genannt werden soll, muss daher gestreift sein. Aber der Begriff ›Tiger‹ selbst ist natürlich nicht gestreift. Der Begriff ›Tiger‹ ist z. B. ein zoologischer Begriff, ›zoologisch‹ ist daher eine seiner Eigenschaften. Die einzelnen Tiger hingegen sind natürlich nicht zoologisch.

277 **Was sind ›konstitutive Eigenschaften‹?**
(lat. constituere = festsetzen, bestimmen) Jene Eigenschaften eines Gegenstandes, die dafür entscheidend sind, dass der Gegenstand unter einen gegebenen Begriff fällt.

278 **Was heißt ›Affinität‹?**
(lat. affinitas = Verwandtschaft) Mit Affinität wird die Wesensverwandtschaft von Begriffen und Vorstellungen bezeichnet.

279 **Wann spricht man hinsichtlich einer Aussage oder eines Begriffes von ›Ambiguität‹?**
Wenn sie/er zweideutig ist. Dieser Mangel an sprachlicher Eindeutigkeit lässt somit für ein und dieselbe Aussage, für ein und denselben Begriff mehrere Interpretationsmöglichkeiten zu.
Beispiel: Eine ›Bank‹ kann eine Sitzgelegenheit oder Geldaufbewahrungsstätte sein.

280 **Was versteht man unter ›Antagonismus‹?**
(gr. antagonizesthai = gegeneinander kämpfen) Einen Gegensatz oder Widerstreit.

281 **Was bezeichnet man als ›contradictio in adjecto‹ (lat. für: Widerspruch im Beiwort)?**
Einen begrifflichen Widerspruch, der durch die Verbindung zweier konträrer Termini entsteht.
Beispiel: Rundes Viereck, diktatorische Freiheit, usw.

282 **Was ist ›Nominalismus‹?**
(lat. nomen = Name, Benennung) Ein Standpunkt im Universalienstreit.

283 **Welche Auffassung vertritt der Nominalismus?**
Allgemeinbegriffe sind bloße Namen (lat. universalia sunt nomina) und nach den Dingen entstanden (lat. universalia sunt post res), d. h. durch Abstraktion gebildet. Nur die konkreten Einzeldinge existieren; allgemeine Begriffe und Abstrakta haben keine eigentli-

che Existenz, sondern bilden nur bequeme sprachliche Möglichkeiten, vieles in einem Wort zusammenzufassen.

284 **Welche Auffassung vertritt der ›Realismus‹ (Begriffsrealismus)?**

Die Allgemeinbegriffe sind real (lat. universalia sunt realia) und existieren vor den Dingen (lat. universalia sunt ante res).

285 **Worum geht es im ›Universalienstreit‹?**

Um die Frage nach dem Status der Universalien, d. h. der Allgemeinbegriffe.

286 **Welche Positionen stehen sich im Universalienstreit gegenüber?**

Begriffsrealismus, Nominalismus und Konzeptualismus.

Begriffsrealismus: Die Allgemeinbegriffe (Universalien) sind real. Den Universalien entsprechen metaphysisch-objektive Wesenheiten.

Nominalismus: Den Allgemeinbegriffen entspricht nichts außerhalb des Denkens. Allgemeinbegriffe benennen also nicht etwas selbständig Reales, sondern sie sind nur abkürzende Sprechweisen.

Konzeptualismus: Die Allgemeinbegriffe sind Gedankendinge des Geistes.

287 **Was versteht man unter dem Begriff ›abstrakt‹?**

Abstrakt ist alles, was sich nicht wahrnehmen lässt.

Beispiel: Während sich die Ziffer 7 auf einem Blatt Papier befindet und sich deshalb konkret wahrnehmen lässt, ist die Zahl 7 ein abstrakter Begriff.

288 **Was versteht man unter ›linguistic turn‹ (engl. für: sprachphilosophische Wende)?**

Die Hinwendung der Philosophie zur Sprache als grundlegendes Werkzeug der philosophischen Untersuchung, da philosophische Probleme als sprachliche Probleme reformuliert werden. Über die Klärung der Sprache soll eine Klärung der Gedanken erreicht werden, z. B. die Erkennbarkeit der Welt, also die Beziehung zwischen Erkenntnissubjekt und -objekt, wird zur Frage, wie wir uns mit Sprache auf Welt beziehen können.

1. Richtung: Entwicklung von künstlichen, idealen (d.h. formalen) Sprachen
2. Richtung: Analyse der normalen Sprache in ihrer alltäglichen Verwendung
Ludwig Wittgenstein (1889-1951) war für den Fortschritt beider Richtungen maßgeblich verantwortlich.

289 **In welchem Werk vertritt Wittgenstein eine ›Philosophie der idealen Sprache‹, in welchem eine ›Philosophie der normalen Sprache‹?**

Ideale Sprache: *Tractatus logico-philosophicus*, 1919
Normale Sprache: *Philosophische Untersuchungen*, 1953

290 **Welche Aufgabe, bzw. welche Funktion hat die Sprache im Werk *Tractatus logico-philosophicus* (1919) von Wittgenstein?**

Die Sprache bildet die Wirklichkeit ab. Wittgenstein vertritt im *Tractatus* eine Abbildtheorie.

291 **Welche Bedeutungstheorie vertritt Wittgenstein in den *Philosophischen Untersuchungen* (1953)?**

Eine Gebrauchstheorie. Die Bedeutung eines Wortes liegt in seinem sprachlichen Gebrauch. Die von Wittgenstein so genannten ›Sprachspiele‹ entscheiden über die Bedeutung der Worte.

292 **Was meint Wittgenstein in dem Werk *Philosophische Untersuchungen* (1953) mit ›Sprachspiel‹?**

»Das Wort ›Sprachspiel‹ soll hier hervorheben, dass das Sprechen der Sprache ein regelgeleiteter Teil ist einer Tätigkeit, oder einer Lebensform.«

Die Bedeutung eines Wortes entspringt nach Wittgenstein seinem Gebrauch in der Sprache, der immer in eine bestimmte Lebensform eingebettet ist.

293 **Was sind im Hinblick auf die Sprache die Grundzüge der ›analytischen Philosophie‹?**

Die Hinwendung zur Sprache, was zu einer Aufwertung der künstlichen (d.h. formalen) Sprachen und zu einer genauen Analyse der normalen Sprache führte.

Die analytische Philosophie entwickelte sich im 20. Jahrhundert. Sie ist gekennzeichnet durch die Zurückweisung der Metaphysik und durch die streng positivistische Einstellung.

294 **Was ist ›Physikalismus‹?**

Der Standpunkt, dass jeder wissenschaftliche Begriff auf einen physikalischen Begriff zurückführbar und jede wissenschaftliche Aussage in die Raum-Zeit-Sprache der Physik übersetzbar sein muss, um intersubjektiv verständlich und kontrollierbar zu sein.

295 **In welchem Zusammenhang wird der Begriff der ›Reduktion‹ genannt?**

Laut positivistischer These sollte jeder Begriff der Wissenschaft auf physikalische Begriffe reduzierbar sein, d.h. auf Begriffe, die Wahrnehmungsqualitäten bezeichnen.

Allgemeiner bedeutet Reduktionismus, dass eine Gruppe von Phänomenen, die als problematisch angesehen werden, z.B. geistige, auf eine andere Gruppe, z.B. behavioristische, zurückgeführt wird.

296 **Wer kritisierte mit welcher Schrift die Unterscheidung zwischen analytischen und synthetischen Urteilen sowie die These des Reduktionismus?**

Willard van Orman Quine (1908–2000) in seinem Artikel *Two Dogmas of Empiricism* (1951).

297 **Worin besteht der ›hermeneutische Zirkel‹?**

Das Verstehen der Teile eines Textes setzt ein Vorwissen vom ganzen Text voraus; andererseits soll das Verstehen des ganzen Textes erst über das Verstehen seiner Teile erfolgen.

298 **Was versteht man unter ›Objektsprache‹, was unter ›Metasprache‹?**

Die Objektsprache ist die Sprache, über die man in der Metasprache Aussagen macht.

Beispiel: In einer deutsch geschriebenen Grammatik der englischen Sprache ist Englisch die Objektsprache, Deutsch die Metasprache. In einer deutsch geschriebenen Grammatik der deutschen Sprache ist Deutsch sowohl Objekt- als auch Metasprache.

299 **Von wem wurde die Unterscheidung von ›Objekt‹- und ›Metasprache‹ eingeführt?**

Von Alfred Tarski (1901–1983) zur Vermeidung von Paradoxien.

300 **Wie lautet die ›Konvention W‹ von Tarski?**

X ist wahr, dann und nur dann, wenn p.

›p‹ ist eine beliebige Aussage (deskriptiver Satz) der Objektsprache und ›X‹ ist der (metasprachliche) Name dieser Aussage. Meist bildet man den Namen eines Ausdrucks, indem man diesen Ausdruck in Anführungszeichen setzt.

Beispiel: ›Schnee ist weiß‹ ist wahr dann und nur dann, wenn Schnee weiß ist. (Dies ist ein Satz der Metasprache.)

301 **Was steht im Zentrum der von John Langshaw Austin (1911–1960) und John Searle (*1932) begründeten ›Sprechakttheorie‹(engl. speech act theory)?**

Die These, dass manche sprachliche Aussagen nicht nur der Beschreibung oder Behauptung von Tatsachen dienen, sondern kommunikative Handlungen darstellen.

Mit bestimmten sprachlichen Äußerungen sagt man nicht nur etwas, sondern tut auch das, was man sagt: ›Die Sitzung ist eröffnet‹; ›Hiermit erkläre ich Sie zu Mann und Frau‹. (Vgl. dazu die Vorlesungsreihe von Austin: How To Do Things with Words, 1962)

302 **Welche drei verschiedenen Sprechakte unterscheidet Austin?**

Lokutionärer Akt:	Produktion von sprachlichem Material.
Illokutionärer Akt:	Zweckbestimmung des sprachlichen Materials, z. B. fragen, danken, drohen, informieren usw.
Perlokutionärer Akt:	Handlungsabstimmung des Rezipienten. Wird z.B. auf eine Frage in erwarteter Weise geantwortet, dann war der perlokutionäre Akt erfolgreich.

303 **In welchem Werk hat Noam Chomsky (*1928) die These vom angeborenen Sprachwissen vertreten?**

In *Cartesian Linguistics*, 1966.

Wissenschaftstheorie 304–355

304 **Was ist ›Wissenschaftstheorie‹?**

Die Untersuchung der Methoden zur Erkenntnisgewinnung in den Wissenschaften und die Reflexion ihrer Zielsetzungen, Möglichkeiten und Grenzen.

305 **Was versteht man unter ›Wissenschaft‹?**

Ein System methodisch gewonnener Aussagen. Ihr Ziel besteht darin, begründetes Wissen zu gewinnen.

306 **Welchen Kriterien muss ein Experiment genügen?**

Wiederholbarkeit, Überprüfbarkeit und Intersubjektivität.

307 **Wer betonte als erster die Rolle des Experiments in der Naturforschung?**

Roger Bacon (ca. 1215–1292).

308 **Was ist ein ›Protokollsatz‹?**

Ein Satz, der ein Wahrnehmungserlebnis beschreibt.

Otto Neurath (1882–1945), ein Mitglied des Wiener Kreises, wollte mit den Protokollsätzen Ludwig Wittgensteins (1889–1951) Elementarsätze ablösen. Sie sollen das Fundament jeder empirischen Wissenschaft bilden.

Beispiel: Im Zimmer war um 3 Uhr 15 Minuten ein von Otto wahrgenommener Tisch.

309 **Was ist eine ›Konstatierung‹?**

Der Ausdruck für einen einfachen Erfahrungssatz.

Beispiel: Ich sehe blau.

310 **Was sind ›These‹ und ›Antithese‹?**

(gr. thesis = Setzung) Die These ist eine Behauptung. Die Antithese ist das Gegenteil der These.

These: Gott existiert.

Antithese: Gott existiert nicht.

311 **Was ist eine ›Hypothese‹?**

Eine noch nicht verifizierte oder falsifizierte begründete Annahme.

312 **Was ist eine ›Ad-hoc-Hypothese‹?**

(lat. ad hoc = zu diesem Zweck) Eine spontan eingeführte Zusatzhypothese, um bei auftretenden Schwierigkeiten das bestehende System von Hypothesen zu retten.

313 **Worauf zielt ›Falsifikation‹?**

(lat. falsum = Unwahrheit) Auf den Versuch, eine Hypothese durch Beobachtungen, Experimente oder Beweise zu widerlegen.

314 **Wer war ein großer Verfechter der ›Falsifikationsmethode‹?**

Karl Raimund Popper (1902–1994).

315 **Worin besteht ›Verifikation‹?**

(lat. verificare = die Wahrheit erweisen) Im Versuch, durch Beobachtungen, Experimente oder Beweise eine Hypothese zu bestätigen.

316 **Wann gilt ein Satz als ›verifiziert‹?**

Wenn er formal bewiesen oder wenn seine Behauptung an der Erfahrung überprüft und als wahr erwiesen wurde.

317 **Wann gilt ein Satz als ›falsifiziert‹?**

Wenn sein kontradiktorisches Gegenteil formal bewiesen oder wenn seine Behauptung durch Erfahrung widerlegt wurde.

318 **Was bezeichnet man als ›naturwissenschaftliches Gesetz‹?**

Eine deskriptive Aussage, die einen allgemeinen Sachverhalt beschreibt.

Bloße Regelmäßigkeiten, wie zum Beispiel ›auf den Tag folgt die Nacht‹ oder ›bei einer Ampel in Österreich folgt auf Rot stets Gelb und dann Grün‹ werden nicht als Gesetze angesehen. Grundsätzlich ist dieser Begriff in der Wissenschaftstheorie sehr problematisch.

Beispiel: $F = m \cdot a$; $E = m \cdot c^2$

319 **Was ist eine ›Theorie‹?**

(gr. theoréin = schauen) Ein deduktiv zusammenhängendes und abgeschlossenes System von Aussagen, durch das die Wirklichkeit oder ein Teil davon beschrieben wird.

320 **Was ist ein ›Modell‹?**

Die Abbildung wesentlicher Elemente eines Forschungsgegenstandes.

321 **Was wird als ›Idealwissenschaft‹ bezeichnet?**

Eine Idealwissenschaft ist eine Formalwissenschaft, die nicht mit realen, sondern mit idealen Gegenständen arbeitet.

Beispiel: Mathematik und Logik

322 **Was sind ›Realwissenschaften‹?**

Die empirischen Wissenschaften, die in ihrer Erkenntnis auf Erfahrung angewiesen sind. Sie lassen sich in die Natur- und Kulturwissenschaften einteilen.

323 **Welche Aufgabe verfolgen die ›nomothetischen Wissenschaften‹?**

(gr. nomos = Gesetz) Allgemeine Gesetze aufzustellen.

Beispiel: Physik

324 **Wann ist eine Wissenschaft ›idiographisch‹?**

(gr. ídios = eigen, besonders) Wenn sie das Singuläre, das einmalig Vorkommende beschreibt.

325 **Auf wen geht die Unterscheidung zwischen ›nomothetischer‹ und ›idiographischer‹ Wissenschaften zurück?**

Auf den Neukantianer Wilhelm Windelband (1848–1915).

326 **Was ist das Ziel der ›Naturwissenschaften‹?**

Sie versuchen, die Natur mit Hilfe von Theorien zu beschreiben und zu erklären.

Beispiel: Physik, Biologie, Erdgeschichte, usw.

327 **Welchen Inhalt haben die ›Humanwissenschaften‹?**

Den Menschen und seine Hervorbringungen.

Beispiel: Soziologie, Psychologie, Politologie, Völkerkunde, Archäologie, usw.

328 **Was erforschen die ›Geisteswissenschaften‹?**

Die Schöpfungen und Errungenschaften des menschlichen Geistes.

Beispiel: Geschichte, Kunst, Philologie, usw.

329 **Was ist ›Hermeneutik‹?**

(gr. hermeneutiké [techne] = Kunst der Auslegung) Eine geisteswissenschaftliche Methode der Klärung und Deutung literarischer und sonstiger Werke. Hauptvertreter: Hans-Georg Gadamer (1900–2002).

330 **Was ist ›Heuristik‹?**

(gr. heurískein = finden) Die Erfindungskunst, d. h. die Anleitung, auf methodischem Wege Neues zu finden.

331 **Was versteht man unter ›Historismus‹?**

(lat. historia = Geschichte) Den Standpunkt, alles aus der jeweiligen geschichtlichen Situation heraus zu begreifen und als Produkt eines geschichtlichen Prozesses zu verstehen.

332 **Was ist die Grundthese des ›Szientismus‹?**

(lat. scientia = Wissenschaft) Der Szientismus nimmt an, dass alle sinnvollen Probleme wissenschaftlich gelöst werden können. Negativ ist damit die Überbewertung der Wissenschaft gemeint.

333 **Was besagt der ›Konventionalismus‹?**

(lat. conventio = Übereinkunft) Nach dieser Theorie müssen die wissenschaftlichen Grundannahmen keine begründeten Wahrheiten sein, sondern es genügt, wenn eine rein zweckmäßige Übereinkunft der Wissenschafter hinsichtlich dieser Grundannahmen besteht.

334 **Was ist ›Induktion‹?**

Ein wissenschaftliches Verfahren, das von Einzelbeobachtungen auf eine allgemeine Gesetzmäßigkeit schließt.

Der Schluss ist aber nicht notwendig und zwingend, sondern ihm kommt nur ein gewisses Maß an Wahrscheinlichkeit zu. Die empirischen Wissenschaften müssen zwangsläufig dieses Verfahren verwenden.

Bisher wurden nur schwarze Raben beobachtet.
Induktion: Alle Raben sind schwarz.

335 **Worin besteht das ›Induktionsproblem‹?**

In der Frage, wie sich die Ausdehnung einer an einer Teilmenge gewonnenen Aussage auf die Gesamtmenge rechtfertigen lässt bzw. wie kann man aus wahren Aussagen über die Elemente einer Teilmenge wahre Aussagen über alle Elemente der ganzen Menge gewinnen?

Beispiel: Die Annahme, dass alle Schwäne weiß sind, wird durch das Auftreten eines schwarzen Schwans widerlegt.

336 **Wer gilt mit welchem Werk als der Begründer der ›induktiven Methode‹?**

Francis Bacon (1561–1626) mit seinem Werk *Novum Organon.*

337 **Was ist ›Deduktion‹?**

Die Ableitung eines Urteils aus anderen Urteilen. Oftmals wird mit Deduktion auch die Ableitung des Besonderen aus dem Allgemeinen bezeichnet.

Alle Menschen sind sterblich.
Sokrates ist ein Mensch.
Deduktion: Sokrates ist sterblich.

338 **Welche philosophische Richtung stützt sich auf die induktive, welche auf die deduktive Methode?**

Auf erstere der Empirismus, auf letztere der Rationalismus.

339 **Was versteht man unter ›Generalisierung‹?**

Eine Verallgemeinerung, die durch Abstraktion vom Speziellen zum Allgemeinen fortschreitet. Dabei wird der Inhalt eines Begriffs kleiner und der Umfang größer.

Beispiel: Frauen und Männer sind Menschen. (Der Inhalt des Begriffs ›Mensch‹ ist kleiner, weil er weniger Merkmale enthält; der Umfang des Begriffs ›Mensch‹ ist größer, weil er die Klasse der Frauen und Männer umfasst.)

340 **Was ist eine ›Simplifikation‹?**

Die unzulässige Vereinfachung einer Problemstellung oder Darstellung durch Vernachlässigung der wesentlichen Gesichtspunkte.

341 **Wann ist ein Sachverhalt ›intersubjektiv gültig‹?**

Wenn er für alle Menschen (einer bestimmten Kultur oder Gemeinschaft mit entsprechender Ausbildung, z. B. Wissenschaftsgemeinschaft) gilt und einsichtig ist.

342 **Was ist in der Wissenschaft eine ›Fiktion‹?**

Eine prinzipiell unwahrscheinliche, zumeist sogar unmögliche Annahme, die jedoch für das Denken eine Hilfe sein kann.

Beispiel: leerer Raum

343 **Was ist ein ›Gedankenexperiment‹?**

Ein nicht auf empirischer Beobachtung, sondern ausschließlich auf Gedanken aufbauendes Experiment.

Beispiel: Eine Person A befindet sich in einem Aufzug. Diese Person A lässt einen Ball fallen. Wenn der Aufzug still steht, dann werden Person A und eine außerhalb stehende Person B die Bewegung des Balles als freien Fall beschreiben. Wenn sich der Aufzug mit konstanter Geschwindigkeit nach oben bewegt, dann wird Person B die Bewegung des Balles als einen senkrechten Wurf beschreiben, für Person A hingegen ist es wiederum nur der freie Fall. Für Person B hat der Ball die Geschwindigkeit des Aufzugs als Anfangsgeschwindigkeit. Person A kann anhand des Balles nicht feststellen, ob der Aufzug still steht oder ob er sich nach oben bewegt. (Albert Einsteins [1879-1955] Lift-Gedankenexperiment)

344 **Wann ist ein Vorgang ›irreversibel‹?**

Wenn er nicht mehr umkehrbar ist.

Beispiel: Die Umwandlung von Bewegungsenergie in Wärme beim Abbremsen eines Fahrzeugs ist irreversibel.

345 **Was ist Wilhelm von Ockhams (um 1280–1348) ›Rasiermesser‹ (engl. Ockham's razor)?**

Ein wissenschaftliches Ökonomieprinzip. Es sollen keine unnötigen Entitäten angenommen werden bzw. man soll nicht mehr Entitäten annehmen, als nötig sind (lat. entia non sunt multiplicanda praeter necessitatem).

»Eine Vielheit ist ohne Notwendigkeit nicht zu setzen« (lat. pluralitas non est ponenda sine necessitate).

346 **Wie charakterisiert Thomas Samuel Kuhn (1922–1996) die Wissenschaftsentwicklung?**

Als eine Abfolge von Phasen ›normaler Wissenschaft‹ und revolutionären Umwälzungen (Paradigmenwechseln).

Der wissenschaftliche Fortschritt besteht nicht nur in einer kontinuierlichen Anhäufung von Erkenntnissen. Die Gemeinschaft der Forscher vertritt ein bestimmtes Paradigma, in dem bestimmte Begriffe und spezielle Methoden zur Problemlösung herangezogen werden. Treten bei diesem Paradigma immer wieder Anomalien auf, die in dem bestehenden Paradigma nicht erklärt werden können, kommt es zu einer Art wissenschaftlicher Revolution, die schließlich zu einem Paradigmenwechsel führt. Dabei kann es durchaus vorkommen, dass das prärevolutionäre und das postrevolutionäre Paradigma nicht vergleichbar sind. In diesem Fall wird das eine Weltbild durch ein anderes ersetzt.

347 **In welchem Werk formuliert Paul Feyerabend (1924–1994) das Motto ›anything goes‹ als Grundsatz des wissenschaftlichen Fortschritts?**

In *Wider den Methodenzwang. Skizze einer anarchistischen Erkenntnistheorie* (Against Method. Outline of an Anarchistic Theory of Knowledge, 1975).

348 **Was besagt sinngemäß Max Webers (1864–1920) ›Wertfreiheitspostulat‹?**

Wissenschaft hat wertfrei zu sein – Werterhellung ja, (weltanschauliches) Wertengagement nein.

349 **Welche Ansicht vertrat Jürgen Habermas (*1929) hinsichtlich des Wertfreiheitspostulats von Weber?**

Werturteilsfreiheit gibt es nicht, da die Forschung immer interessengeleitet ist.

350 **Worum ging es im ›Werturteilsstreit‹, der vor allem mit dem Soziologen Max Weber (1864–1920) in Verbindung gebracht wird?**

Um die Wertfreiheit und um die Unterscheidung von Tatsachen und Werten in den Sozialwissenschaften.

351 **Was war der ›Positivismusstreit‹?**

Die in den sechziger Jahren des 20. Jahrhunderts geführte Auseinandersetzung zwischen Kritischem Rationalismus (Karl Raimund Popper, 1902–1994, u. a.) und Kritischer Theorie (Theodor W. Adorno, 1903–1969, u. a.). Gegenstand des Streits waren Fragen des Vernunftanspruchs, der Geschichtsphilosophie und der Politik.

352 **Als was versteht sich die ›Kritische Theorie‹ der ›Frankfurter Schule‹?**

Als engagierte Philosophie, die durch Kritik zu einer Humanisierung der gesellschaftlichen Verhältnisse beitragen will.

353 **Wer sind die wichtigsten Vertreter der ›Kritischen Theorie‹?**
Max Horkheimer (1895–1973), Theodor W. Adorno (1903–1969), Herbert Marcuse (1898–1979).

354 **Was umfasst Karl Raimund Poppers (1902–1994) ›Drei-Welten-Theorie‹?**
Welt 1 = materielle Welt; Welt 2 = Gedanken, Empfindungen, Erwartungen, Erinnerungen; Welt 3 = objektive Erkenntnis (Inhalt von Theorien, Bibliotheken etc.).

355 **Womit beschäftigt sich die ›Chaostheorie‹?**
Mit dynamischen Systemen, die zwar deterministischen Gesetzen unterworfen sind, deren künftiges Verhalten aber dennoch nicht genauer vorhersagbar ist.

Der Grund dafür liegt darin, dass selbst kleinste Änderungen des Anfangszustandes größte Auswirkungen in weiterer Folge haben können (›Schmetterlingseffekt‹, weil schon der Flügelschlag eines Schmetterlings die künftige Entwicklung in eine ganz andere Richtung drängen kann).

Beispiele: Wetterprognosen, Klimawandel, usw.

Metaphysik 356–553

Das Kapitel ›Metaphysik‹ beinhaltet einige Fragen, die nicht im engen Wortsinn zur Metaphysik zu zählen sind, die aber mangels besserer Zuordenbarkeit hier aufgenommen wurden.

356 **Was versteht man unter ›Metaphysik‹?**

Denjenigen Teil der Philosophie, der über die Grenzen des Erfahrbaren hinausgeht und es mit den letzten Gründen und Ursachen des Seins zu tun hat.

Der Name der Disziplin ergab sich angeblich aus dem Entschluss des Bibliothekars Andronikus von Rhodos (1. Jh. v. Chr.), die nichtnaturwissenschaftlichen Schriften von Aristoteles nach (gr. metá = hinter, nach) den naturwissenschaftlichen einzuordnen.

357 **Womit hat es im Gegensatz zur ›allgemeinen Metaphysik‹ die ›spezielle Metaphysik‹ (lat. metaphysica specialis) zu tun?**

Mit Gott, Seele und Welt, also beispielsweise mit den Fragen: Gibt es einen Gott? Hat die Welt einen Anfang? Besitzt der Mensch eine unsterbliche Seele?

358 **Welchen anderen Ausdruck verwendet Aristoteles (384–324 v. Chr.) für Metaphysik?**

›Erste Philosophie‹ (gr. próte philosóphia), weil es um die ersten Prinzipien und allgemeinsten Ursachen des Seins geht.

359 **Was wird von Anaximander (um 611–546 v. Chr.) als ›Apeiron‹ bezeichnet?**

(gr. ápeiros = unbegrenzt, unendlich) Das Unbegrenzte, Unermessliche und Unendliche; der ungewordene Anfang von allem, aus dem alles entsteht und in das alles zurückkehrt. (Die genaue Begriffsbedeutung ist auf Grund der uneinheitlichen Quellenlage freilich nicht ganz eindeutig.)

360 **Was bezeichnet in der Philosophie der Antike der Begriff ›Arche‹?**

(gr. arché = Anfang, Beginn, Ursprung) Die Ursache bzw. den Urstoff der Welt.

361 **Was bezeichnet in metaphysischer Hinsicht das ›Absolute‹?**
Das Unbedingte (d.h. das nicht von einem anderen Abhängige), das alles Begründende und Allumfassende.

362 **Was wurde in der antiken Philosophie mit dem Begriff ›Chaos‹ bezeichnet?**
(gr. chaínein = sich öffnen, sich auftun) Der leere Abgrund oder ungeordnete Urzustand, der erst durch die Tätigkeit eines Schöpfers zum geordneten Kosmos wird.

363 **Wer waren die ersten Philosophen?**
Die ionischen Naturphilosophen Thales von Milet (um 624–546 v. Chr.), Anaximander (um 611–546 v. Chr.), Anaximenes (um 585–525 v. Chr.) und Heraklit (um 550–480 v. Chr.).

364 **Wie bestimmten die ionischen Naturphilosophen das Grundprinzip der Wirklichkeit?**
Thales als Wasser, Anaximander als Unbegrenztes, Anaximenes als Luft, Heraklit als eine Art von Feuer.

365 **Worin besteht die Bedeutung dieser Bestimmungen?**
Es sind erste Versuche, die Welt zu erklären, in Abwendung von den mythologischen Kosmologien (gr. kosmología = Lehre von der Welt; Lehre von der Entstehung und Entwicklung des Weltalls).

366 **Was ist für Heraklit das innere Wesen der Wirklichkeit?**
Veränderung (gr. pánta rhéi = alles fließt).

367 **Welche Grundfragen der Philosophie führt Platon (427–347 v. Chr.) an?**
Was ist das Wahre, das Gute und das Schöne?

368 **Woher kennt der Mensch nach der These von Platon die Ideen?**
Für Platon ist alles Erkennen und Lernen Wiedererinnerung. Das heißt: Die Seele hat vor dem Eintritt in den menschlichen Körper die Ideen geschaut; nach dem Eintritt sind die Ideen aber vergessen

worden und im Laufe der Zeit erinnert sich der Mensch wieder an diese Ideen.

369 **Warum ist für Platon der Tod nichts Negatives, sondern im Gegenteil etwas Positives?**
Weil sich mit dem Tod die Seele vom Leib löst, der die Seele an seiner wahren Entfaltung behindert.

370 **Welche Seelenaufteilung nimmt Platon vor?**
Er unterteilt die Seele in Vernunft, Mut und Begierde.

371 **Welche Tugenden ordnet Platon den einzelnen Teilen der Seele zu?**
Der Vernunft die Weisheit, dem Mut die Tapferkeit und der Begierde die Mäßigung. Wenn alle drei Teile der Seele ihre Aufgabe tugendhaft erfüllen, herrscht Gerechtigkeit; d. i. die Tugend, die Platon den anderen Tugenden überordnet.

372 **Wie werden die vier Tugenden Platons zusammen bezeichnet?**
Als Kardinaltugenden (lat. cardinalis = hauptsächlich; cardo = Dorn, Spitze, Angel im Sinn einer Achse oder Türangel, um die sich alle anderen Tugenden drehen).

373 **Was bezeichnet für Platon der Begriff ›Demiurg‹?**
Den Weltbaumeister, der die Welt aus dem Urchaos erschuf. Er hat also die Welt nicht aus dem Nichts erschaffen.

374 **Was ist ›Kosmogonie‹?**
Die Geschichte vom Ursprung und dem Werden der geordneten Welt.

375 **Was bezeichnet man als ›Anthropomorphismus‹?**
(gr. ánthropos = Mensch; morphé = Gestalt) Die Übertragung und Projektion menschlicher Eigenschaften auf außermenschliche Gegenstände oder Bereiche, z. B. auf Götter oder auf die Natur.

376 **Was ist Platons ›Höhlengleichnis‹?**

Das Gleichnis von den Menschen, die in einer Höhle sind und Schatten, die sie an der Wand sehen, für die Wirklichkeit halten und davon so überzeugt sind, dass sie auch von jemandem, der die Höhle verlassen und die Wahrheit erkannt hat, nicht eines Besseren belehrt werden können.

Das Höhlengleichnis (im 7. Buch der Politeia*) ist eine Darstellung der Ideenlehre in Form einer Parabel zur Veranschaulichung des Gegensatzes zwischen der wahren und der scheinbaren Welt.*

377 **Womit vergleicht Platon im ›Höhlengleichnis‹ die vorphilosophischen Menschen?**

Mit Gefangenen, die so gefesselt sind, dass sie nur Schatten sehen können und folglich diese Schatten für wirkliche Gegenstände halten.

378 **Was ist nach Platons ›Höhlengleichnis‹ die Aufgabe der Philosophie?**

Die Menschen von den Fesseln zu befreien und sie dadurch zur wahren Erkenntnis zu befähigen.

379 **Was meint ›Realismus‹?**

Die platonische Ideenmetaphysik. Die Ideen sind das eigentlich Wirkliche; die Einzeldinge sind bloß scheinhafte Abbilder und existieren nur kraft Teilhabe an den allgemeinen Ideen.

›Realismus‹ wird mehrdeutig gebraucht:

1) Das Wort bezeichnet einmal die Haltung eines Alltagsmenschen, der die Dinge so nimmt, wie sie auf ihn zukommen und sich nicht viel um mögliche spekulative Probleme kümmert.

2) Das Wort bezeichnet diejenige philosophische Einstellung, nach der die Dinge der Welt in einer ganz bestimmten Art und Weise vorliegen und vom Menschen durch sein theoretisches Bemühen in immer größerer Annäherung so zu erkennen sind, wie sie unabhängig vom Erkennen wirklich sind.

3) Es bezeichnet diejenige philosophische Einstellung, nach der die allgemeinen Ideen und Begriffe das eigentlich Wirkliche und die kon-

kreten Gegenstände des alltäglichen Umgangs nur eine mangelhafte Darstellung des wahren Wesens der Dinge sind.

380 **Was sind für Platon die ›Ideen‹?**

Die ewigen Urbilder aller Dinge; die empirischen Dinge existieren nur durch Teilhabe an den Ideen.

381 **Was versteht man unter dem Begriff ›Eidos‹?**

(gr. eídos = Bild, Urbild) Abstrakt ausgedrückt, ist dies ein Begriff oder eine Idee im platonischen Sinn.

382 **Was ist der platonische ›Eros‹?**

Die zur Erkenntnis antreibende Kraft.

383 **Was postuliert Platon in seinem Dialog *Phaidon* bezüglich der Seele?**

Dass im Sinn der Seelenwanderungslehre die Seele nach dem Tod weiterexistiert.

384 **Wie bezeichnet Aristoteles ›Gott‹?**

Als »erstes und eigentliches Prinzip«.

385 **Wie bezeichnet Aristoteles die ›Entelechie‹?**

(gr. en = im, am und télos = Ziel) Als die Form, die sich im Stoff verwirklicht; als das aktive Prinzip, welches das Mögliche erst zum Wirklichen macht und dieses zur Vollendung seines Daseins bringt.

386 **Wer hat als erster Gott als ›unbewegten Beweger‹ postuliert?**

Aristoteles in seiner *Metaphysik*.

387 **Wofür stand in der Antike der Begriff ›Geist‹?**

Für die menschliche Seele bzw. die Vernunft oder für den Verstand des Menschen (gr. pnéuma, lat. spiritus = bewegte Luft, Hauch, Atem).

388 **In welchem Verhältnis stehen ›Stoff‹ und ›Form‹ bei den Dingen der Wirklichkeit?**

Alle Dinge sind bestimmt nach Stoff und Form. Beide kommen immer miteinander vor; es gibt keinen Stoff ohne Form und keine Form ohne Stoff.

389 **Was bezeichnet man im ontologischen Sinn als ›Wesen‹?**

Das wirkliche, eigentliche Sein im Gegensatz zum Schein.
Das Wesen eines Dinges verbirgt sich hinter der Erscheinung desselben und kann erst mittels einer metaphysischen Betrachtungsweise erschlossen werden.

390 **In welchem Sinn ist ›Wesen‹ gemeint, wenn man z. B. vom ›Wesen des Menschen‹ spricht?**

In dieser Bedeutung meint ›Wesen‹ die allgemeinen Gattungseigenschaften, die allen Menschen zukommen und seine Besonderheit im Unterschied zu anderen Lebewesen ausmachen.

391 **Was bezeichnet der Begriff ›Substanz‹?**

(lat. substantia = Zugrundeliegendes, Wesen) Das Einzelding als Träger von Eigenschaften oder eine wesentliche, notwendige Beschaffenheit (Essenz) im Gegensatz zu den zufälligen (akzidentellen) Zuständen und Eigenschaften.

392 **Was bezeichnet der Begriff ›Akzidens‹ (Akzidenz)?**

(lat. accidens = zufällig, hinzukommend) Das einem Gegenstand nicht notwendig Zukommende.

Beispiel: Die Farbe eines Autos ist dem Auto nicht wesentlich zugehörig; sie ist akzident(i)ell.

393 **Was mein ›Entität‹?**

Entität (lat. entitas, von ens: das Sein): Wesen, Wesenheit, Seiendes, Ding, Gegenstand.

Es gibt z. B. konkrete, abstrakte, theoretische und fiktive Entitäten, etwa Steine, Tiere, Häuser; Zahlen, Begriffe, Funktionen; Elektronen, Quarks, Felder; Elfen, Einhörner, Marsmännchen.

394 **Womit befasst sich die ›Ontologie‹?**
(gr. on = seiend) Mit dem Seienden im Ganzen und seinen Grundstrukturen. Sie untersucht die allgemeinsten und fundamentalen konstitutiven Seinsbestimmungen.

395 **Wie wurde zur Zeit der deutschen Schulphilosophie, z. B. bei Christian Wolff (1679–1754), die Ontologie bezeichnet?**
Als allgemeine Metaphysik (lat. metaphysica generalis).

396 **Was ist das ›Sein‹?**
Das Dasein und die Existenz aller Gegebenheiten in der Welt.

397 **Welche Seinsarten lassen sich unterscheiden?**
Das reale Sein und das ideale. Während das reale Sein in Raum und Zeit eingebettet ist, entbehrt das ideale Sein der Zeitlichkeit, Wirklichkeit und Erfahrbarkeit.

398 **Was ist die ›Realität‹?**
(lat. res = Sache, Ding) Die Dinghaftigkeit oder Wirklichkeit. Man versteht darunter auch das ontologische Ansichsein unabhängig vom Bewusstsein des erkennenden Subjekts.

399 **Was besagt die antike ›Atomistik‹?**
Atomistik (auch Atomismus genannt) ist eine mechanistische Weltauffassung, derzufolge alles (die materielle Welt ebenso wie die Seele) aus kleinsten unteilbaren Bausteinen (Atomen; gr. átomos = unteilbar) besteht.

400 **Wer waren die Begründer der antiken Atomistik?**
Leukippos (5. Jh. v. Chr.) und Demokrit (um 460–370 v. Chr.).

401 **Worum geht es beim ›Schiff des Theseus‹, von dem Plutarchos von Chaironeia (um 45–120) berichtet?**
Um das philosophische Problem der Identität. Ist ein Schiff, dessen alte Planken nach und nach durch neue ersetzt werden, dasselbe Schiff oder nicht?

402 **Plotin (um 205–270) gilt als Hauptvertreter welcher philosophischen Schule?**
Des Neoplatonismus.

403 **Welche Denker sind dem Neoplatonismus zuzuordnen?**
Plotin (um 205–270), Ammonius Sakkas (um 175–242), Proklos (um 410–485), Porphyrios (um 233–301) und Jamblichos (um 240–330).

404 **Alle Philosophen und Theologen des 13. bis zum 15. Jh. waren von Aristoteles beeinflusst – welche ganz besonders?**
Albertus Magnus (1193–1280) und Thomas von Aquin (1225–1274). Wenn Thomas von Aquin von Aristoteles redet, nennt er ihn meist einfach den ›philosophus‹.

405 **Was ist ›Scholastik‹?**
Die an der aristotelischen Philosophie orientierte mittelalterliche Schulphilosophie, die in der ersten Hälfte des 12. Jh. und in der zweiten Hälfte des 13. Jh. ihre Höhepunkte hatte.

406 **Was kennzeichnet die scholastische Denkweise?**
Das Bestreben, durch Vermittlung von Glauben und Wissen die christlichen Dogmen rational einsichtig darzustellen.

407 **In welchem Verhältnis stand die mittelalterliche Philosophie zur Religion?**
Die Philosophie war die Magd der Theologie (lat. philosophia ancilla theologiae). Sie sollte dem Glauben ein rationales Fundament geben (lat. rationem reddere).

408 **Von wem stammt der Satz ›credo ut intelligam‹ (lat. für: ich glaube, um zu begreifen)?**
Von Anselm von Canterbury (1033–1109).

409 **Welchen Gottesbeweis hat Anselm von Canterbury vorgelegt?**
Den ontologischen Gottesbeweis.

410 **Wer hat den ontologischen Gottesbeweis von Anselm von Canterbury aufgegriffen?**

René Descartes (1596–1650).

411 **Welche sind die wichtigsten Gottesbeweise?**

Der ontologische, der kosmologische, der psychologische und der teleologische.

412 **Welcher Schluss liegt dem ›ontologischen Gottesbeweis‹ zugrunde?**

Der ontologische Gottesbeweis schließt vom Begriff eines vollkommenen Wesens auf seine Existenz. Weil Vollkommenheit Existenz einschließt, muss Gott existieren.

413 **Wie argumentiert der ›kosmologische Gottesbeweis‹?**

Der kosmologische Gottesbeweis schließt von der Existenz der Welt, die sich nicht von selbst versteht, auf einen Urheber derselben. Der Bedingtheit alles Seienden muss ein letztes unbedingtes, an sich seiendes, absolutes Wesen zugrunde liegen.

414 **Wie argumentiert der ›psychologische Gottesbeweis‹?**

Die Ideen unseres Bewusstseins müssen einen zureichenden Grund haben, wenn sie sich nicht aus der Verfassung des Bewusstseins selbst ergeben. Die Idee eines unendlichen Wesens ist im Bewusstsein vorhanden, kann aber nicht auf dem Bewusstsein selbst gründen, sie braucht daher eine äußere Ursache, die mindestens so vollkommen ist wie die Idee im Bewusstsein. Diese Ursache kann nur Gott selbst sein. (Dies ist Descartes' erster Gottesbeweis in den Meditationen, 1641).

415 **Worauf basiert der ›teleologische Gottesbeweis‹?**

Er schließt von der Zweckmäßigkeit und der Ordnung der Welt auf einen allwissenden Weltenbaumeister.

416 **Was versteht man allgemein unter ›Glaube‹?**

Eine Überzeugung, ein Fürwahrhalten.

417 **Was ist ›Glaube‹ im Sinn eines religiösen Glaubenssystems?**
Ein System von Überzeugungen, das sich auf religiöse Gegenstände und Inhalte bezieht (Gottheiten, Weiterleben nach dem Tod, Erlösung, Erleuchtung usw.) oder ein Bekenntnis zu einer Tradition der Lebensgestaltung und ihren Wertvorstellungen.

418 **Was ist unter ›Theismus‹ zu verstehen?**
(gr. theós = Gott) Der Glaube an einen Gott, der zugleich Weltenschöpfer und Weltenlenker ist.

419 **Was unterscheidet einen ›Deisten‹ von einem ›Theisten‹?**
Ein Deist (lat. deus = Gott) glaubt zwar an Gott als Urheber der Welt, nicht aber an göttliche Eingriffe in die Welt.

420 **Auf wen geht der Begriff ›Theodizee‹ zurück?**
Auf Gottfried Wilhelm Leibniz (1646–1716); der Sache nach kommt die Theodizee aber bereits in der Stoa und in der Gnosis vor.

421 **Was ist ›Theodizee‹?**
(gr. theós = Gott und díke = Recht) Der Versuch der Rechtfertigung Gottes angesichts des Übels in der von ihm geschaffenen Welt.

422 **Wie heißt das religionskritische Hauptwerk von Ludwig Feuerbach (1804–1872)?**
Das Wesen des Christentums, 1841.

423 **Welche ist die zentrale These in Feuerbachs Religionskritik?**
Religion ist ein Anthropomorphismus, d. h. die Übertragung menschlicher Vorstellungen auf ein nichtmenschliches Wesen (Gott). »Die Religion ist der Traum des menschlichen Geistes. (…) Das Bewußtsein des Unendlichen ist nichts anderes als das Bewußtsein von der Unendlichkeit des Bewußtseins. (…) Gott ist das offenbare Innere, das ausgesprochene Selbst des Menschen (…).«

424 **Was versteht man unter ›Theologie‹?**
(gr. theós = Gott) Gotteslehre; die dogmatisch gebundene Lehre von Gott.

425 **Was ist ›Mystik‹?**
Das Bestreben, mit bestimmten Techniken (durch meditative Versenkung, Askese, Ekstase etc.) zu einer unmittelbaren Vereinigung mit Gott oder dem Göttlichen zu gelangen.

426 **Welche Bezeichnungen für Gott sind im philosophischen Gottesverständnis des Abendlandes anzutreffen?**
Gott ist der unbewegte Beweger, der aus sich selbst (lat. causa sui) existierende Urheber allen Seins.

427 **Was bedeutet der lateinische Ausdruck ›causa sui‹?**
Ursache seiner selbst, durch sich selbst verursacht.

Von den meisten Philosophen wurde eine infinite Kausalkette ausgeschlossen, was sie schließlich zu Gott brachte, der Ursache seiner selbst ist (causa sui).

428 **Was versteht man unter ›creatio ex nihilo‹?**
Schöpfung aus dem Nichts. Nach christlicher (jüdischer und muslimischer) Auffassung hat Gott die Welt aus dem Nichts erschaffen.

429 **Was ist ›Dogmatismus‹?**
Ein System von Lehrsätzen, das seine Legitimation aus Tradition und Autorität bezieht und sich durch Selbstverabsolutierung gegen jede Kritik abschirmt.

430 **Was versteht man unter ›Emanation‹?**
(lat. emanare = herausfließen) Die Vorstellung, dass die irdischen Dinge ein Ausfluss des Göttlichen sind.

431 **Auf wen geht die Emanationstheorie zurück?**
Auf Plotin (um 205–270).

432 **Was meint bei Nikolaus Cusanus (Nikolaus von Kues, 1401–1464) die ›docta ignorantia‹ (lat. für: gelehrte Unwissenheit)?**

Das Wissen um die Unerkennbarkeit und Unbegreiflichkeit Gottes.

433 **Was bezeichnet Nikolaus Cusanus mit der Formel ›coincidentia oppositorum‹ (lat. für: Zusammenfall der Gegensätze)?**

Das Zusammenfallen der Gegensätze in der Einheit Gottes auf Grund von Gottes Unendlichkeit; das Zusammenfallen der Gegensätze zur Einheit in der Unendlichkeit Gottes.

434 **Was charakterisiert die geistige Einstellung der beginnenden Neuzeit?**

Die Wende von der Jenseits- zur Diesseitsorientierung.

435 **Was versteht man unter ›Humanismus‹ (lat. humanus = menschlich)?**

Die philosophische Ausrichtung, die den Menschen zur höchsten Autorität erklärt und die sich die größtmögliche Verwirklichung der menschlichen Anlagen sowie das Zusammenleben in Toleranz, Gewissensfreiheit und Gewaltfreiheit zum Ziel setzt.

436 **Worum geht es beim Humanismus von Ludwig Feuerbach (1804–1872)?**

Die Liebe zum Menschen soll an die Stelle der Liebe zu Gott treten. »Die Liebe zum Menschen darf keine abgeleitete sein; sie muss zur ursprünglichen werden.«

437 **Welche Zeit meint der ›Humanismus‹ als epochengeschichtlicher Begriff?**

Hauptsächlich den Renaissance-Humanismus (14.–16. Jh.), charakterisiert durch die Abwendung vom autoritätsgläubigen, jenseitsorientierten Mittelalter hin zur selbstbewussten Zuwendung zum Diesseits.

438 **Wer waren die wichtigsten Repräsentanten des ›Renaissance-Humanismus‹?**

In Italien Francesco Petrarca (1304–1374), Giovanni Boccaccio (1313–1375), Cola di Rienzo (1313–1354), Pico della Mirandola (1463–1494), Marsilio Ficino (1433–1499), Pietro Pomponazzi (1462–1525); in Deutschland Rudolf Agricola (1444–1485), Johannes Reuchlin (1455–1522), Erasmus von Rotterdam (1466–1536), Ulrich von Hutten (1488–1523), Philipp Melanchton (1497–1560); in England Thomas More (lat. Morus) (1478–1535).

439 **Warum ist für Jean Paul Sartre (1905–1980) der ›Existentialismus‹ ein ›Humanismus‹?**

Weil er dem Menschen bewusst macht, das sich selbst entwerfende und sich selbst verwirklichende Wesen zu sein.

440 **Welche programmatischen Anliegen stehen im Zentrum der ›Philosophie der Aufklärung‹?**

Die Emanzipation des Menschen von fremdbestimmenden politischen und religiösen Mächten, die Emanzipation zur individuellen Eigenständigkeit und Selbstbestimmung (Autonomie) sowie das Erlangen von geistiger und rechtlicher Mündigkeit.

441 **Welches Jahrhundert gilt als das ›Jahrhundert der Aufklärung‹?**

Das 18. Jahrhundert.

442 **Wie lautet in Immanuel Kants (1724–1804) Worten der ›Wahlspruch der Aufklärung‹?**

»Sapere aude! [lat. für: Wage zu wissen, wage zu verstehen] Habe Mut, dich deines eigenen Verstandes zu bedienen! ist also der Wahlspruch der Aufklärung.«

Aufklärung ist für Kant »der Ausgang des Menschen aus seiner selbstverschuldeten Unmündigkeit«.

443 **Wer ist der Urheber der ›Idolenlehre‹?**

Francis Bacon (1561–1626).

444 **Was ist die Bacon'sche Idolenlehre?**

Vorurteilskritik. Idole (lat. idólum = Bild, Vorstellung; gr. eídolon = Bild, Trugbild) sind Trugbilder und Vorurteile, die der Objektivität entgegenstehen.

445 **Was hat die Idolenlehre vorweggenommen?**

Die Ideologiekritik.

446 **Welchem Zweck dient für Francis Bacon die Naturerkenntnis?**

Dem Zweck der Naturbeherrschung.

447 **Was ist für Thomas Hobbes (1588–1679) ›Natur‹?**

Materie in Bewegung (engl. matter in motion).

448 **Was ist das Fundament des ›Cartesianismus‹?**

Das ›cogito ergo sum‹ (lat. für: ich denke, also bin ich), worauf René Descartes (1596–1650) seine Philosophie aufbaute.

449 **Welcher Methode bedient sich der Cartesianismus?**

Des methodischen Zweifels.

450 **Worin besteht für Descartes der ›methodische Zweifel‹?**

An allem – auch an scheinbar sicheren Annahmen – zu zweifeln.

451 **Welche Fiktion nimmt Descartes als Ausgangspunkt für seinen methodischen Zweifel?**

Einen bösen Geist (lat. genius malignus), in dessen Macht es steht, den Menschen stets zu täuschen. Weil ein böser Dämon unser Denken verfälschen könnte, muss auch an der Verlässlichkeit des Denkens gezweifelt werden.

452 **Was erweist sich dabei aber als zweifelsfrei?**

Dass ich als Zweifelnder (d. h. als Denkender) existiere (lat. cogito ergo sum = ich denke, also bin ich).

453 **Welche Erfahrung legt für Descartes den methodischen Zweifel nahe?**

Die Erfahrung, dass unsere Sinne uns bisweilen täuschen und die Welt und unser Körper bloß geträumt sein könnten.

454 **Worin besteht das so genannte ›Außenweltproblem‹?**

In der Schwierigkeit, bzw. in der Unmöglichkeit, die Existenz der Außenwelt zu beweisen.

Wie Descartes in seinem methodischen Zweifel dargelegt hat, kann die Außenwelt auf einer umfassenden Täuschung beruhen. Nicht täuschen kann ich mich allein darüber, dass ich alles bezweifle, d. h. dass ich denke und dass ich folglich existiere.

455 **Was wird als ›Außenwelt‹ bezeichnet?**

Alles, was nicht zur Innerlichkeit bzw. zum Seelenleben eines Menschen gehört.

456 **Was ist ein ›Realobjekt‹?**

(lat. obicere = sich entgegenstellen) Ein Ding oder eine Sache der Außenwelt, die sich dem Subjekt entgegenstellt.

457 **Was wird als ›Innenwelt‹ bezeichnet?**

Die Gesamtheit des bewussten Seelen- und Geisteslebens eines Menschen.

458 **Welche zwei von Gott geschaffenen Substanzen unterscheidet Descartes?**

›Res cogitans‹ (denkende Substanz, körperlos) und ›res extensa‹ (materielle Substanz, ausgedehnt).

459 **Was postuliert der ›cartesische Dualismus‹?**

(lat. duo = zwei) Eine strikte Trennung von Körper und Geist, wobei aber diese beiden verschiedenartigen Substanzen in Wechselwirkung stehen.

460 **Was besagt die ›Dualismus-These‹?**

Dass das Seiende auf zwei nicht voneinander ableitbare bzw. sich ausschließende Prinzipien oder Substanzen zurückführbar ist, wie z. B. Geist-Materie bzw. Seele-Körper.

461 **Worum geht es beim ›psycho-physischen Problem‹?**

Um die Frage nach der Beziehung zwischen Physis und Psyche (Körper bzw. Gehirn und Bewusstsein).

462 **Was versteht man unter ›psycho-physischem Parallelismus‹?**

Die Auffassung, dass die psychologischen und physiologischen Vorgänge einander gesetzmäßig zugeordnet sind. Sie verlaufen parallel zueinander, aber sie beeinflussen sich nicht gegenseitig.

463 **Worum geht es im ›Leib-Seele-Problem‹?**

Um die Frage: Wie soll man sich das Verhältnis von Leib und Seele zueinander denken?

Spiritualismus:

Die Seele existiert und der Leib ist nur Schein.

Materialismus:

Der Leib existiert und die Seele ist nur eine Leibesfunktion.

Dualismus:

Der Leib und die Seele existieren und stehen in kausaler Wechselwirkung zueinander.

464 **Was vertritt die Lehre des ›Okkasionalismus‹?**

(lat. occasio = Gelegenheit) Die Sachverhalte der bestehenden Welt stehen in keiner kausalen Beziehung zueinander, sondern werden in jedem Moment von Gott unmittelbar hervorgebracht. Entsprechend wirken Leib und Seele nicht in einem kausalen Verhältnis aufeinander ein, sondern Gott ordnet bei jeder Gelegenheit die entsprechenden körperlichen und seelischen Vorgänge einander zu.

465 **In welchem Werk hat Gottfried Wilhelm Leibniz (1646–1716) seine ›Monadenlehre‹ entfaltet?**

In der *Monadologie*, 1714.

466 **Was sind für Leibniz die ›Monaden‹?**
(gr. monás = Einheit) Die letzten Elemente der Wirklichkeit; einfache, nicht zusammengesetzte und unteilbare seelische Kraftzentren oder Kraftpunkte, »aus denen die Weltsubstanz zusammengesetzt ist«.

467 **Von wem sind die Monaden miteinander verbunden?**
Von Gott durch die ›prästabilierte Harmonie‹.

468 **Welche Eigenschaften besitzen die Monaden?**
Sie sind körperlos (d.h. nicht teilbar); sie können als Substanzen nur von Gott, der Urmonade, geschaffen oder vernichtet werden (d.h. Monaden sind nicht zerstörbar); sie sind individuell (d.h. keine Monade ist identisch mit einer anderen); sie sind autark und autonom (d.h. sie können weder auf andere Monaden einwirken, noch können andere Monaden auf sie einwirken).

469 **Mit welchen zwei Kräften sind Monaden ausgestattet?**
Mit der Vorstellungskraft (perceptio) und mit der Willenskraft (appetitus).

470 **Worin unterscheidet sich der Mensch als Monade von anderen Monaden?**
Der Mensch hat Selbstbewusstsein.

471 **Was bezeichnet Baruch de Spinoza (1632–1677) mit seiner Formel ›deus sive natura‹ (lat. für: Gott beziehungsweise die Natur)?**
Die (pantheistische) Gleichsetzung von Gott mit der Natur.

472 **Was versteht man unter ›Pantheismus‹?**
(gr. pan = alles, ganz; theós = Gott) Die Lehre, dass Gott nicht transzendent (d.h. jenseits der Welt) ist, sondern dass Gott und Welt identisch sind (dass Gott die Welt ist).

473 **Was versteht Spinoza unter ›Substanz‹?**

»Unter Substanz verstehe ich dasjenige, was in sich ist und durch sich gedacht wird: das heißt dasjenige, dessen Begriff des Begriffs eines anderen Dinges nicht bedarf, um daraus gebildet zu werden.«

Die Substanz hängt von nichts anderem ab, sondern besteht aus sich selbst; sie ist unendlich und einzig, weil sie von keiner anderen Substanz begrenzt wird.

474 **Was ist diese selbstursprüngliche, unendliche und einzige Substanz?**

Gott im pantheistischen Verständnis, d. h. nicht ein von der Welt verschiedener personaler, sondern mit ihr identischer unpersonaler Gott.

475 **In welchem Werk entfaltet Spinoza diese Auffassung?**

In der *Ethik, nach der geometrischen Methode dargestellt* (Ethica ordine geometrico demonstrata, 1677), die aber – entgegen dem Titel – eine metaphysische Abhandlung ist.

476 **Was ist ›Animismus‹?**

Der Glaube an die Beseeltheit der Natur und all ihrer Erscheinungen.

477 **Was versteht Spinoza unter ›Attribut‹?**

»Unter Attribut (wesentliche Eigenschaft) verstehe ich dasjenige, was der Verstand an der Substanz als deren Wesen ausmachend erkennt.«

Ausdehnung und Denken sind (unter anderen) Attribute, die das Wesen Gottes ausdrücken.

478 **Was versteht Spinoza unter ›Modi‹?**

»Unter Daseinsform (modus) verstehe ich die Zustände der Substanz oder dasjenige, was in einem anderen ist, durch das es auch begriffen wird.«

Körper und Geist bilden die Erscheinungen, in denen sich uns die Welt präsentiert. Die Körper sind Modi der Ausdehnung, die Geister Modi des Denkens.

479 **Von wem stammt und was meint die Formel ›esse est percipi‹ (lat. für: Das Sein besteht im Wahrgenommenwerden)?**
Von George Berkeley (1685–1753); weil die Dinge nur als wahrgenommene existieren, besteht ihr Sein darin, Ideen eines Subjekts (Mensch, Gott) zu sein.

480 **In welchem Werk vertritt Berkeley seine Auffassung, dass es keine von unserem Bewusstsein unabhängige Wirklichkeit gibt?**
In *Abhandlung über die Prinzipien der menschlichen Erkenntnis* (A Treatise concerning the Principles of Human Knowledge, 1710)

481 **Wie heißen die Hauptwerke von Immanuel Kant (1724–1804)?**
Kritik der reinen Vernunft, 1781.
Kritik der praktischen Vernunft, 1788.
Kritik der Urteilskraft, 1790.

482 **Was bedeutet ›transzendent‹?**
(lat. transcendere = hinübersteigen) Als transzendent wird all das bezeichnet, was die Grenzen möglicher Erfahrung übersteigt.

483 **Was bedeutet bei Kant ›transzendental‹?**
»Ich nenne alle Erkenntnis transzendental, die sich nicht sowohl mit Gegenständen, sondern mit unserer Erkenntnisart von Gegenständen, sofern diese a priori möglich sein soll, überhaupt beschäftigt.«
Die Begriffe ›transzendental‹ und ›transzendent‹ sollten nicht verwechselt werden!

484 **Wofür stehen die lateinischen Ausdrücke ›mundus sensibilis‹ und ›mundus intelligibilis‹?**
Für ›Sinneswelt‹ und ›Verstandeswelt‹.

485 **Was ist für Kant das ›Ding an sich‹?**
Das für sich selbst bestehende Ding, wie es unabhängig vom erkennenden Subjekt besteht.

Kant unterscheidet das Phaenomenon (die Erscheinung) vom Noumenon (Ding an sich). Die menschliche Erkenntnis kann sich nur auf das Phaenomenon richten. Das Noumenon ist der menschlichen Erkenntnis unzugänglich.

486 **Welchen Standpunkt nimmt Kant bezüglich der Gottesbeweise ein?**

Die Existenz Gottes ist nicht beweisbar – aber auch das Gegenteil davon (d. h. die Nichtexistenz Gottes) ist nicht beweisbar.

487 **Wie heißen die drei ›regulativen Ideen‹ von Kant?**

Seele (+ Unsterblichkeit), Welt (+ Freiheit) und Gott.

488 **Was ist für Arthur Schopenhauer (1788–1860) das ›Ding an sich‹?**

Der irrationale Weltwille.

489 **Wie heißt Schopenhauers Hauptwerk?**

Die Welt als Wille und Vorstellung, 1819 /1844.

490 **Was ist für Schopenhauer die ›Wirklichkeit‹?**

Objektivation des (Welt-)Willens.

491 **Was ist sinngemäß Schopenhauers Antwort auf die Frage, ob es für den Menschen Handlungs- und Willensfreiheit gibt?**

Der Mensch kann zwar tun, was er will, aber er kann nicht wollen, was er will.

492 **Was ist – in Schopenhauers pessimistischer Sicht – ›Leben‹?**

Leben ist Leiden.

493 **Wodurch kann für Schopenhauer der Wille zum Schweigen gebracht bzw. negiert werden?**

Vorübergehend durch ästhetische Kontemplation, dauerhaft durch asketische Überwindung der Bedürfnisse und Triebe.

494 **Was ist der metaphysische Standpunkt des ›Voluntarismus‹?**
(lat. voluntas = Wille) Dass das Wesen der Welt als willensähnliche Macht aufzufassen ist; der Wille wird als Grundprinzip des Seins betrachtet. Ein Hauptvertreter des Voluntarismus war Arthur Schopenhauer (1788–1860).

495 **Was ist ›negative Freiheit‹?**
Die Abwesenheit von Zwang, d. h. die Möglichkeit, frei von Nötigung handeln und entscheiden zu können. Negative Freiheit ist die Voraussetzung der tatsächlich ausgeübten positiven Freiheit.

496 **Was versteht man unter ›Willensfreiheit‹?**
Das Vermögen, die Gründe seines Wollens selbst zu bestimmen.

497 **Was ist der ›Wille‹?**
Der Wille ist ein geistiger Akt, durch den eine Handlung bejaht oder erstrebt wird.

498 **Was versteht man unter ›Handlungsfreiheit‹?**
Die Freiheit, dem eigenen Willen entsprechend zu handeln, d.h. das Gewollte umzusetzen.

499 **Was hält der ›Kompatibilismus‹ (mittelalterlich. lat. compatibilis = übereinstimmend, kompatibel) für vereinbar?**
Willensfreiheit und Determinismus.

500 **Welche These vertritt der ›Indeterminismus‹?**
(lat. in = nicht und determinare = abgrenzen) Dass die Welt oder Teile davon nicht kausal bestimmt sind. Nach dieser These gibt es Zustände, für die keine Ursache vorhanden ist.

501 **Welche These vertritt der ›Determinismus‹?**
Dass das gesamte Weltgeschehen kausal verursacht ist.

Man könnte den Determinismus auch als wissenschaftliche Forderung ansehen, da jedes Ereignis prinzipiell unbegreiflich bleiben müsste, wenn es zufällig wäre. Wer die Welt verstehen und erklären will, muss in gewissem Sinne deterministisch denken.

502 **Wie lautet das ›Kausalitätsprinzip‹?**

Alles, was geschieht oder existiert, hat eine Ursache.

503 **Was ist eine ›Kausalreihe‹?**

Eine Kausalreihe basiert auf dem fortlaufenden Zusammenhang von Ursache und Wirkung.

A ⟹ B ⟹ C ⟹ D ⟹ … (Jedes Glied in der Kette ist Wirkung einer vorausliegenden Ursache und Ursache einer nachfolgenden Wirkung.)

504 **Was ist eine ›Ursache‹?**

Eine Ursache ist etwas, das etwas anderes (eine Wirkung) regelmäßig oder mit Notwendigkeit hervorbringt.

Eine Ursache in diesem Sinn ist eine Kausalursache (lat. causa efficiens), die von der Finalursache (lat. causa finalis) zu unterscheiden ist. Worin der Zusammenhang zwischen Kausalursache und Wirkung genau besteht, ist umstritten. Vorgeschlagen wurden z. B. ein naturgesetzlicher Zusammenhang, Energieübertragung oder die praktische Möglichkeit, eine Wirkung durch Manipulation der Ursache hervorzurufen.

505 **Was ist ›Zufall‹?**

Deterministisch gesehen ist Zufall das Zusammentreffen voneinander unabhängiger Kausalreihen. Indeterministisch gesehen ist ein Zufall ein Ereignis, für dessen Eintritt keine Ursachen oder Gesetzmäßigkeiten zu finden sind.

Beispiel: Person A trifft Person B zufällig auf dem Marktplatz. Eine Kausalkette verursachte, dass Person A zum Marktplatz geht. Dasselbe trifft für Person B zu. Genau am Marktplatz kreuzen sich die beiden Kausalketten (deterministisch).

Beispiel: Zufälliges Ableben einer Person, das sich die Ärzte nicht erklären können (deterministisch?).

506 **Was versteht man unter ›Finalität‹?**
(lat. finalis = auf das Ziel, den Zweck bezüglich) Zweckbestimmtheit oder Zweckgerichtetheit.

507 **Was ist ›Teleologie‹?**
(gr. télos = Ende, Ziel, Zweck, Vollendung und lógos = Lehre) Die Lehre von der Zielgerichtetheit und von der Zweckmäßigkeit aller Geschehnisse und Entwicklungen.

508 **Welchen Zeitraum umfasst die Philosophie des ›Deutschen Idealismus‹?**
1790–1831 (das Todesjahr Hegels).

509 **Wer sind die Hauptvertreter des Deutschen Idealismus?**
Johann Gottlieb Fichte (1762–1814), Friedrich Wilhelm Joseph Schelling (1775–1854) und Georg Wilhelm Friedrich Hegel (1770–1831).

510 **Was ist ›Idealismus‹?**
Die Überzeugung, dass die eigentliche Wirklichkeit geistiger Natur ist.

511 **Was ist die Grundthese von Hegels idealistischer Philosophie?**
»Das Geistige allein ist das *Wirkliche* (…).«

512 **Worin besteht für Hegel der philosophische Idealismus?**
»Der Satz, daß das Endliche ideell ist, macht den Idealismus aus. Der Idealismus in der Philosophie besteht in nichts anderem als darin, das Endliche nicht als ein wahrhaft Seiendes anzuerkennen.«

513 **Worum geht es in Hegels frühem Hauptwerk *Phänomenologie des Geistes* (1807)?**
Um den Bildungsprozess des Bewusstseins vom naiven Bewusstsein bis zum absoluten Wissen.

514 **Wie lautet der ›dialektische Dreischritt‹ von Hegel?**

These – Antithese – Synthese.

Die These bringt ihre eigene Antithese hervor. Beide werden in der Synthese ›aufgehoben‹ (im dreifachen Sinn von ›aufbewahren‹, ›auslöschen‹ und ›auf eine höhere Stufe heben‹).

515 **In welche Lager haben sich die Hegel-Schüler nach dessen Tod gespalten?**

In die Rechts- und Linkshegelianer (auch als Alt- und Junghegelianer bezeichnet).

Rechtshegelianer waren z. B. David Friedrich Strauß (1808–1874) und Karl Rosenkranz (1805–1879); die bekanntesten Linkshegelianer waren Bruno Bauer (1809–1882), Ludwig Feuerbach (1804–1872) und Max Stirner (1806–1856).

516 **Was kritisiert Karl Marx (1818–1883) an Hegels idealistischer Metaphysik?**

Dass er die Wirklichkeit als Manifestation des absoluten Geistes auffasst.

517 **Was ist für Marx der ›Überbau‹?**

Die von der materiellen, d. h. sozio-ökonomischen Basis abhängige Sphäre der geistigen (sozialen, politischen, rechtlichen usw.) Vorstellungen und Institutionen (Staat, Justiz, Polizei, Öffentlichkeit).

»In der gesellschaftlichen Produktion ihres Lebens gehen die Menschen bestimmte, notwendige, von ihrem Willen unabhängige Verhältnisse ein, Produktionsverhältnisse, die einer bestimmten Entwicklungsstufe ihrer materiellen Produktivkräfte entsprechen. Die Gesamtheit dieser Produktionsverhältnisse bildet die ökonomische Struktur der Gesellschaft, die reale Basis, worauf sich ein juristischer und politischer Überbau erhebt und welcher bestimmte gesellschaftliche Bewußtseinsformen entsprechen. Die Produktionsweise des materiellen Lebens bedingt den sozialen, politischen und geistigen Lebensprozeß überhaupt.«

518 **Was besagt die marxistische ›Basis-Überbau-Theorie‹?**
Der Überbau ist von der materiellen Basis bestimmt. Ideelle Gebilde (z.B. politische Ideen oder rechtliche und moralische Vorstellungen), aber auch die entsprechenden Institutionen, bestehen nicht unabhängig, sondern sind ein Produkt der ökonomischen und sozialen Verhältnisse und ändern sich folglich mit der gesellschaftlichen Entwicklung.

519 **Welche These vertritt der ›Naturalismus‹?**
Die Welt besteht aus natürlichen Ursachen und ist ohne die Annahme eines absoluten Wesens zu verstehen. Der Mensch ist Teil der Natur und unterliegt auch in seinen Willenshandlungen der Naturgesetzlichkeit.

520 **In welchem Werk hat der französische Philosoph Julien Offroy de La Mettrie (1709–1751) auch die Gedanken und Empfindungen des Menschen mechanistisch zu erklären versucht?**
In *Der Mensch eine Maschine* (L' Homme Machine, 1748).

521 **Womit vergleicht das ›mechanistische Weltbild‹ die Welt?**
Mit einer gigantischen Maschine (Weltmaschine).

522 **Was ist ›Mentalismus‹?**
(lat. mens = Denken, Geist, Verstand; mentalis = geistig) Die antimaterialistische Auffassung, der zufolge Geist und Bewusstsein nicht auf die Materie reduziert werden können.

*Eine wichtige Rolle spielt der Begriff in der Sprachtheorie von Noam Chomsky (*1928), welche den Spracherwerb anti-empiristisch mit einem angeborenen Sprachmechanismus erklärt. Eines seiner Werke trägt bezeichnenderweise den Titel* Cartesianische Linguistik *(engl. Cartesian Linguistics).*

523 **Was ist die Kernthese des ›Materialismus‹?**
Die Gesamtwirklichkeit an sich ist materieller Natur, d.h. auch geistige Vorgänge sind letztendlich auf die Materie zurückzuführen.

524 **Was besagt das ›Hamilton'sche Prinzip‹?**

Dass es kein wirkliches Entstehen und Vergehen in der Natur gibt, sondern dass alles in einem unaufhörlichen Wandel begriffen ist. Das Prinzip wurde vom englischen Philosophen William Rowan Hamilton (1805–1865) postuliert.

525 **Was ist ›Holismus‹?**

(gr. hólos = ganz) Unter Holismus versteht man die Auffassung, dass bei allen Erscheinungen das jeweils Ganze primär ist und die Rollen und Leistungen der Bestandteile durch das Ganze bestimmt sind.

Holistische Betrachtungen gibt es in allen möglichen Bereichen. So bestimmt das Ganze der Gesellschaft, was den einzelnen Menschen und seine Person ausmacht; das Ganze des Organismus bestimmt, welche Rolle die einzelnen Organe und dort wiederum deren Zellen usw. spielen; das Ganze der Sprache bestimmt, was die einzelnen Begriffe und sonstigen Bestandteile der Sprache bedeuten; das Ganze einer Theorie bestimmt, von welcher Art von Gegenständen sie überhaupt handelt und daher auch, was es der betreffenden Theorie gemäß überhaupt gibt, usw.

526 **Was ist ›Pluralismus‹?**

(lat. plures = mehrere) Die Wirklichkeit wird aus vielen unabhängigen Ebenen und Elementen bestehend aufgefaßt, die keine durchgehende Einheit bilden.

527 **Als was versteht Edmund Husserl (1859–1938) die ›Phänomenologie‹?**

Als Wesenswissenschaft.

Die Phänomenologie »hat sich reine Bewußtseinsvorkommnisse exemplarisch vor Augen zu stellen, sie zu vollkommener Klarheit zu bringen, an ihnen innerhalb dieser Klarheit Analyse und Wesenserfassung zu üben, den einsichtigen Zusammenhängen nachzugehen, das jeweils Geschaute in getreu begriffliche Ausdrücke zu fassen, die sich in ihrem Sinn rein durch das Geschaute bzw. generell Eingesehene vorschreiben lassen«.

528 **Was bedeutet ›Epoché‹?**
Urteilsenthaltung (Skeptizismus); Einklammerung des Wirklichkeitsbezugs und der Wahrheit unserer Urteile, um den Anteil des reinen Bewusstseins thematisieren zu können (Phänomenologie).

529 **Was versteht Husserl unter ›Retention‹ und ›Protention‹?**
Retention: Die in der Gegenwart noch kurz mitbewusste Vergangenheit.
Protention: Die in der Gegenwart schon mitbewusste Zukunft.
Retention ist nicht mit Erinnerung und Protention nicht mit Erwartung zu verwechseln.

530 **Was wird unter ›Intention‹ verstanden?**
Die Gerichtetheit des Bewusstseins auf einen gemeinten Gegenstand oder auf ein beabsichtigtes Tun (z. B. etwas sehen, jemanden erwarten, über etwas nachdenken, sich erinnern, etc.).

531 **Wie erklärt man den Unterschied zwischen ›Essenz‹ und ›Existenz‹?**
Die Essenz eines Dinges ist sein Wesen und die Existenz das Dasein eines Dinges.

532 **Wogegen richtete sich die ›Lebensphilosophie‹?**
Gegen die Verkürzung des Lebens durch das rationalistische Denken. Die Lebensphilosophie betont die irrationale Tiefe des Lebens, das in seiner Fülle nur der Intuition zugänglich ist.

533 **In welchem Werktitel bringt Ludwig Klages (1872–1956) das Anliegen der Lebensphilosophie zum Ausdruck?**
In *Der Geist als Widersacher der Seele*, 1929–1932.

534 **Wer kritisierte exemplarisch den ›Nihilismus‹?**
Friedrich Nietzsche (1844–1900).

535 **In welchem Kontext spricht Nietzsche vom ›amor fati‹ (lat. für: Liebe zum Schicksal)?**

Im Kontext der dionysischen Bejahung der ›ewigen Wiederkehr des Gleichen‹.

536 **Was ist ›Existenzphilosophie‹?**

Die Philosophie, die die Existenz des Menschen und seine Stellung in der Welt in den Mittelpunkt stellt.

537 **Wie heißen die wichtigsten Existenzphilosophen?**

Jean Paul Sartre (1905–1980), Martin Heidegger (1889–1976),
Sören Kierkegaard (1813–1855), Karl Jaspers (1883–1969),
Gabriel Marcel (1889–1973) und Albert Camus (1913–1960).

538 **Was ist für Sartre das ›erste Prinzip des Existenzialismus‹?**

Die Existenz geht der Essenz voraus.

539 **Wozu ist für Sartre der Mensch ›verurteilt‹?**

Frei zu sein.

»Wenn (...) Gott nicht existiert, so finden wir uns keinen Werten, keinen Geboten gegenüber, die unser Betragen rechtfertigen. So haben wir weder hinter uns noch vor uns, im Reich der Werte, Rechtfertigungen oder Entschuldigungen. Wir sind allein, ohne Entschuldigungen. Das ist es, was ich durch die Worte ausdrücken will: Der Mensch ist verurteilt, frei zu sein. Verurteilt, weil er sich nicht selbst erschaffen hat, anderweit aber dennoch frei, da er, einmal in die Welt geworfen, für alles verantwortlich ist, was er tut.«

540 **Was sind die Kennzeichen des ›Strukturalismus‹?**

Der Strukturalismus versucht, relativ stabile Grundmuster des Aufbaus (Strukturen) von Sprachen, Mythen, Kunst, Gesellschaft sowie des menschlichen Verhaltens aufzudecken.

541 **Was war der ›Wiener Kreis‹?**
Eine von Moritz Schlick (1882–1936) begründete Vereinigung von Philosophen, Mathematikern und Physikern, die sich zum ›Logischen Positivismus‹ bekannten.

542 **Wer waren die wichtigsten Vertreter des Wiener Kreises?**
Rudolf Carnap (1891–1970), Otto Neurath (1882–1945), Friedrich Waismann (1896–1959), Herbert Feigl (1902–1988), Victor Kraft (1880–1975), Béla Juhos (1901–1971), Karl Menger (1902–1985), Kurt Gödel (1906–1978). Ludwig Wittgenstein (1889–1951) war für den Wiener Kreis ein wichtiger Anreger, gehörte ihm aber ebensowenig an wie etwa Karl Raimund Popper (1902–1994).

543 **Was ist ›Logischer Positivismus‹ (auch ›Logischer Empirismus‹ genannt)?**
Ein Neopositivismus, der neben der direkt gegebenen (in diesem Sinn positiven) Erfahrung die Logik als Mittel zur Gewinnung von Erkenntnis heranzog und vor allem in sprachkritischer Hinsicht um die logische Klärung von Gedanken, die Kritik von Metaphysik und Theologie und um die Ausbildung einer wissenschaftlichen Philosophie bemüht war.

544 **Wie bezeichnet Carnap die Sätze der Metaphysik?**
Als Scheinsätze. Die logische Analyse soll Aufschluss darüber geben, welche Sätze sinnvoll und welche sinnlos sind.

»Auf dem Gebiet der Metaphysik (...) führt die logische Analyse zu dem negativen Ergebnis, daß die vorgeblichen Sätze dieses Gebietes gänzlich sinnlos sind.«

545 **Worin besteht Carnaps metaphysikkritisches Programm?**
In der »Überwindung der Metaphysik durch logische Analyse der Sprache«.

546 **In welchem Werk hat Martin Buber (1878–1965) seine ›Dialogphilosophie‹ entworfen?**
In *Ich und Du*, 1923.

547 **Welche Frage steht im Mittelpunkt von Martin Heideggers (1889–1976) Hauptwerk *Sein und Zeit* (1927)?**

Die Frage nach dem Sein des Seienden und nach dem Sinn von Sein.

Er beansprucht damit, eine Fundamentalontologie zu betreiben.

548 **Was bezeichnet bei Heidegger die ›ontologische Differenz‹?**

Den Unterschied zwischen Sein und Seiendem.

549 **Was sind für Heidegger die ›Existenzialien‹?**

Die Seinsbestimmungen des menschlichen Daseins.

550 **Welches Sein steht im Zentrum der Philosophie des frühen Heidegger?**

Das menschliche Sein, da es das einzige Sein ist, das gleichzeitig zu sich selbst und mit seiner Umwelt in einem Verhältnis steht.

Heidegger wählt das menschliche Dasein als das Fundament, denn um etwas über das Sein zu erfahren, muss man dasjenige Sein phänomenologisch erhellen, dem ein universelles Seinsverständnis zukommt.

551 **Was sind für Karl Jaspers (1883–1969) ›Grenzsituationen‹?**

Die unausweichlichen Situationen, in denen der Mensch auf sich selbst zurückgeworfen wird.

»Wir sind immer in Situationen. Ich kann an ihrer Veränderung arbeiten. Aber es gibt Grenzsituationen, die immer bleiben, was sie sind: ich muss sterben, ich muss leiden, ich muss kämpfen, ich bin dem Zufall unterworfen, ich verstricke mich unausweichlich in Schuld. Die Grenzsituationen sind neben dem Staunen und dem Zweifel der Ursprung der Philosophie.«

552 **Was ist das Hauptanliegen der Philosophie der ›Postmoderne‹?**

Die Verteidigung der Pluralität gegen die Vereinheitlichungstendenzen der Moderne.

»Die Gegenwartesdiagnose ›Postmoderne‹ hat Pluralität zum Fokus. Die Postmoderne beruht auf der Einsicht, daß die Diversität

der Lebensformen, Orientierungsmuster, Sprachspiele und Bedürfnisstrukturen unüberschreitbar und legitim ist.« (Wolfgang Welsch)

553 **Wer sind die wichtigsten Vertreter der postmodernen Philosophie?**

Jean-Francois Lyotard (1924–1998), Gilles Deleuze (1915–1995), Jacques Derrida (1930–2004), Jean Baudrillard (1929–2007), Paul Virilio (*1932), Gianni Vattimo (*1936).

Anthropologie 554–652

554 **Was heißt ›Anthropologie‹ wörtlich?**
(gr. ánthropos = Mensch; lógos = Lehre) Lehre vom Menschen.

555 **Wonach fragt die ›philosophische Anthropologie‹?**
Nach dem Wesen des Menschen, seiner Stellung in der Welt und im Reich des Lebendigen.

556 **Welche Autoren und Werke markieren den Anfang der modernen philosophischen Anthropologie?**
Max Scheler (1874–1928), *Die Stellung des Menschen im Kosmos*, 1928; Helmuth Plessner (1892–1985), *Die Stufen des Organischen und der Mensch*, 1928; Arnold Gehlen (1904–1976), *Der Mensch. Seine Natur und seine Stellung in der Welt*, 1940.

557 **Wonach fragt die ›Humanethologie‹?**
(lat. humanus = menschlich; gr. éthos = Eigenart, Gewohnheit) Nach der artspezifischen Differenz des Menschen gegenüber nichtmenschlichen Arten (Tieren), d. h. nach dem, was den Menschen grundsätzlich charakterisiert und zum Menschen macht.

558 **In welcher Hinsicht liegt in der philosophischen Anthropologie eine Identität von Fragendem und Gefragtem vor?**
Der Mensch fragt nach sich selbst; er ist der Fragende und gleichzeitig der Gegenstand seines Fragens.

559 **Durch wen ergibt sich in der griechischen Antike die Hinwendung zum Menschen?**
Durch die Sophisten; die vorhergehende Philosophie war überwiegend Naturphilosophie.

560 **Welche sind die Eckdaten der Evolution?**

Urknall (Beginn der kosmologischen Evolution) vor ca. 15 Mrd. Jahren; Entstehung der Erde vor ca. 5 Mrd. Jahren; Entstehung des Lebens vor ca. 4,5 Mrd. Jahren.

561 **Was ist ›Anthropogenese‹?**

(griech ánthropos = Mensch; génos = Abstammung) Die Entstehung und Abstammung des Menschen.

562 **Was ist ›Hominisation‹?**

(lat. homo = Mensch) Die Menschwerdung und stammesgeschichtliche Entwicklung des Menschen.

563 **Was sind ›Hominiden‹, und wann traten die ersten Hominiden auf?**

Hominiden sind aufrecht gehende Primaten, die vor ca. 5,5 Mio. Jahren auftraten. Die Familie der Hominiden umfasst die Menschenaffen sowie den heutigen Menschen und seine Vorfahren.

564 **Was sind ›Primaten‹?**

Die sogenannten ›Herrentiere‹ (Halbaffen, Affen und Menschen). Die Abspaltung der Australopithecus-Primaten von der allgemeinen Primatenlinie, d. h. die Trennung der Entwicklungslinie des Menschen von den nächstverwandten Menschenaffen erfolgte vor ca. 5 bis 7 Mio. Jahren.

565 **Wo hat sich der Frühmensch entwickelt?**

In der Gegend des afrikanischen Grabens (›Out of Africa‹-These).

566 **Was heißt ›Australopithecus‹ wörtlich?**

Südaffe (lat. australis = südlich und gr. píthecos = Affe); der erste Australopithecus wurde 1924 in Südafrika gefunden.

567 **Welcher Mensch hatte Steinwerkzeuge, eine einfache Sprache und erste Hütten?**

Der ›Homo habilis‹ (lat. habilis = geschickt, tauglich) vor ca. 2 Mio. Jahren.

568 **Welcher Mensch gilt als erster Vertreter unserer Gattung?**

Der ›Homo erectus‹; er trat vor ca. 1,3 Mio. Jahren auf.

569 **Ab wann datiert der ›Homo sapiens‹?**

Der erste Vertreter des ›Homo sapiens‹ (lat. sapiens = wissend) ist vor ca. 200 000 Jahren aufgetaucht. Der Jetztmensch ›Homo sapiens sapiens‹ breitete sich vor ca. 70 000 Jahren in Afrika aus.

570 **Wie vollzieht sich im Verlauf der Menschwerdung die Gehirnentwicklung?**

Gehirnvolumen der Affen: 150 cm^3; Menschenaffen: 500 cm^3; Homo sapiens: 1500 cm^3.

571 **Was besagt im Zusammenhang mit der kosmologischen Evolution das ›biotische Prinzip‹?**

Dass die Entstehung von Leben (gr. bíos = Leben) von vornherein in der kosmologischen Evolution angelegt war.

572 **Was besagt im Zusammenhang mit der kosmologischen Evolution das ›anthropische Prinzip‹?**

Dass der Mensch (gr. ánthropos = Mensch) von vornherein als Ziel der Entwicklung im ›Plan der Evolution‹ angelegt war; das Auftreten des Menschen war somit kein Zufallsereignis.

573 **Was ist für den Biologen Jacques Lucien Monod (1910–1976; Nobelpreis 1965) der Mensch?**

Der Mensch als (vorläufiges) Endprodukt der Evolution ist ein Produkt des Zufalls, ein Zufallstreffer der Natur.

»Der Alte Bund ist zerbrochen; der Mensch weiß endlich, daß er in der teilnahmslosen Unermeßlichkeit des Universums allein ist, aus dem er zufällig hervortrat. Nicht nur sein Los, auch seine Pflicht steht

nirgendwo geschrieben. Es ist an ihm, zwischen dem Reich und der Finsternis zu wählen.«

574 **Wie kommt bei Monod die Kritik am anthropischen Prinzip zum Ausdruck?**

»Das Universum trug weder das Leben, noch trug die Biosphäre den Menschen in sich. Unsere ›Losnummer‹ kam beim Glücksspiel heraus. Ist es da verwunderlich, daß wir unser Dasein als sonderbar empfinden – wie jemand, der im Glücksspiel eine Milliarde gewonnen hat?«

575 **Was besagt die ›Abstammungslehre‹?**

Dass zwischen den einzelnen Tierarten verwandtschaftliche Beziehungen bestehen und dass die komplizierteren Lebewesen sich aus einfacheren Formen entwickelt haben. Für die Abstammungslehre haben sich die Lebensformen durch Artenwandel evolutionär auseinander entwickelt; sie sind nicht (wie es die biblische Schöpfungsgeschichte und der Kreationismus behaupten) unabhängig voneinander und unwandelbar von Gott erschaffen worden.

576 **Welche sind – in den Worten von Konrad Lorenz (1903–1989) – die ›großen Konstrukteure des Artenwandels‹?**

Selektion und Mutation.

577 **Auf welchen Werken basiert die Abstammungslehre?**

Auf den Werken von Charles Darwin (1809–1882).

578 **In welchen Werken hat Darwin seine Theorie vorgestellt?**

In *Über die Entstehung der Arten durch natürliche Auslese* (On the Origins of Species by Means of Natural Selection, 1859); *Die Abstammung des Menschen und die geschlechtliche Zuchtwahl* (The Descent of Man, and Selection in Relation to Sex, 1871).

579 **Durch welche Beobachtung ist Darwin zu seiner Ausgangsfrage gelangt, die er mit seiner Evolutionstheorie beantworten wollte?**
Durch die Beobachtung, dass – wie Fossilfunde belegen – frühere Lebensformen sich von späteren unterschieden haben.

580 **Wer sind die Vorläufer von Darwins Evolutionstheorie?**
Johann Wolfgang von Goethe (1749–1832), Herbert Spencer (1820–1903) sowie Erasmus Darwin (1731–1802; Charles Darwins Großvater).

581 **Wer hat unabhängig von Darwin die Theorie des Artenwandels entworfen?**
Alfred Russel Wallace (1823–1913).

582 **Von wem stammt der Ausdruck ›Kampf ums Dasein‹ (engl. struggle for existence)?**
Von Alfred Russel Wallace.

583 **Wer prägte den Ausdruck ›Überleben der Tüchtigsten‹ (engl. survival of the fittest)?**
Herbert Spencer.

584 **Welche Selektionsvarianten unterscheidet Darwin?**
Die natürliche und die geschlechtliche Zuchtwahl (Selektion).

585 **Wer war der bekannteste Evolutionsbiologe des 20. Jahrhunderts und galt als der Philosoph unter den Biologen?**
Ernst Mayr (1904–2005).
Ausgewählte Werke: *Eine neue Philosophie der Biologie*, 1991; *Artbegriff und Evolution*, 1967; *Die Entwicklung der biologischen Gedankenwelt*, 1982.

586 **Was sind ›Anthropina‹?**

Wesenseigenschaften des Menschen und damit Bausteine zu seiner Definition und Bestimmung.

Michael Landmann spricht in dem Buch Fundamental-Anthropologie *(1979) von »gleich bleibend sich durchhaltenden, ›zeitlosen‹ Grundstrukturen des Menschen«, die er ›Anthropina‹ nennt.*

587 **Was ist die These der ›negativen Anthropologie‹?**

Auf Grund der Offenheit und Nichtfestgelegtheit des Menschen ist es nicht möglich, den Menschen wesensmäßig festzuschreiben; es ist sozusagen das Wesen des Menschen, kein feststehendes Wesen zu haben.

588 **Wie definiert Platon (427–347 v. Chr.) zunächst den Menschen?**

Als zweibeiniges Lebewesen ohne Federn. (Vgl. dazu den populären Buchtitel *Der nackte Affe*, 1968 von Desmond Morris, *1928)

589 **Wie definiert Aristoteles (384–324 v. Chr.) den Menschen?**

Als ›zoon politikón‹ (lat. animal sociale), d. h. als geselliges und der Gesellschaft bedürftiges Tier.

590 **Wie bezeichnet Aristoteles den Menschen noch?**

Als vernunftbegabtes Tier (lat. animal rationale).

Die Vernunft des Menschen ist nicht rein zweckgebunden (im Sinn eines Mittel-Zweck-Denkens, wozu Tiere auch befähigt sind). Der Mensch kann rein theoretische Sachverhalte durchschauen.

591 **Warum bezeichnet der Biologe Adolf Portmann (1897–1982) den Menschen als ›physiologische Frühgeburt‹?**

Weil er im Vergleich zu den meisten Tieren zu früh auf die Welt kommt.

Wäre er ein Säugetier wie die anderen Säugetiere auch, müsste die menschliche Schwangerschaft zwölf Monate länger dauern. Die fehlende Reifezeit muss der Mensch im ›extrauterinen Frühjahr‹ (d. h. außerhalb des Uterus) wettmachen, um den Reifezustand zu erreichen, den die meisten Tiere bei der Geburt haben.

592 **Auf wen geht die These vom Menschen als Mängelwesen zurück?**
Auf den Sophisten Protagoras (480–410 v. Chr.).
Weil der Mensch von Natur aus schlechter ausgestattet ist als Tiere (keine Klauen, weniger scharfe Sinne, etc.) muss er seine Mängel durch Kultur (z. B. durch die Herstellung von Werkzeugen und Waffen) kompensieren.

593 **Wer greift später die These vom Menschen als Mängelwesen auf?**
Johann Gottfried Herder (1744–1803), Arnold Gehlen (1904–1976), Adolf Portmann (1897–1982).

594 **Welche Beispiele (von wild lebenden Tieren bzw. von Experimenten mit Tieren) widerlegen die These, dass nur der Mensch ein ›werkzeuggebrauchendes Tier‹ ist?**
Affen benutzen Steine, um Nüsse zu knacken oder Äste, um an hoch hängende Bananen heranzukommen.

595 **Was aber unterscheidet, wenn es um ›Werkzeug‹ geht, den Menschen vom Tier?**
Nur der Mensch stellt gezielt Werkzeuge her bzw. nutzt Werkzeuge, um damit weitere und verfeinerte Werkzeuge herzustellen; der Mensch ist ein ›tool making animal‹ (Benjamin Franklin, 1706–1790).

596 **Wie beschreibt Blaise Pascal (1623–1662) in seinen *Gedanken über Religion und andere Themen* (Pensées sur la religion et autres sujets, 1670) die Mittelstellung des Menschen?**
»Ein Nichts vor dem Unendlichen, ein All gegenüber dem Nichts, eine Mitte zwischen Nichts und All.«

597 **Was sagt Pascal bezüglich der ›gemischten Natur‹ des Menschen?**
»Der Mensch ist sich selbst das rätselhafteste Ding der Natur, denn er kann nicht begreifen, was Körper, und noch weniger, was Geist ist und am wenigsten von allem, wie ein Körper mit einem Geist vereint sein könne.«

598 **Was macht für Pascal die Größe des Menschen aus?**

»Das Denken macht die Größe des Menschen. (...) Die ganze Würde des Menschen liegt im Denken. (...) Nur ein Schilfrohr, das zerbrechlichste in der Welt, ist der Mensch, aber ein Schilfrohr, das denkt.«

599 **Wie bestimmt Immanuel Kant (1724–1804) den Menschen im Hinblick auf sein Ich?**

Der Mensch ist ein ichbewusstes Wesen.

»Daß der Mensch in seiner Vorstellung das Ich haben kann, erhebt ihn unendlich über alle andre auf Erden lebende Wesen. Dadurch ist er eine Person und, vermöge der Einheit des Bewußtseins, bei allen Veränderungen, die ihm zustoßen mögen, eine und dieselbe Person, d. i. ein von Sachen (...) durch Rang und Würde ganz unterschiedenes Wesen.«

600 **Welcher Versuch legt nahe, dass auch Schimpansen über ein Ich-Bewusstsein verfügen?**

Der Spiegelversuch; der Schimpanse greift nach einem – auf seiner Stirn aufgemalten – weißen Punkt, was darauf hinweist, dass er sich im Spiegelbild erkennt.

601 **Welcher Renaissance-Philosoph hat den Menschen als das Wesen beschrieben, dessen Natur es ist, im Unterschied zu den Tieren keine bestimmte Natur zu haben, sondern dem es freigestellt ist, sich beliebig selbst zu entwerfen?**

Giovanni Pico della Mirandola (1463–1494) in *Von der Würde des Menschen* (De hominis dignitate).

602 **Wie bezeichnet Johann Gottfried Herder (1744–1803) den Menschen?**

Als ›Sprachgeschöpf‹.

603 **Woran liegt es, dass nichtmenschliche Primaten nicht sprechen können?**

Nicht an ihrer Intelligenz, sondern an ihrem Kehlkopf; in der Taubstummensprache können Schimpansen den Wortschatz eines etwa dreijährigen Kindes erreichen.

604 **Was ist ›Pysiognomik‹?**

(gr. phýsis = Natur; gnomikós = zur Beurteilung fähig) Die (überholte) Lehre, dass vom äußeren Erscheinungsbild der Menschen auf ihre inneren Eigenschaften geschlossen werden kann.

605 **Was zeichnet für Kant den Menschen als Vernunftwesen aus?**

Seine Selbstzweckhaftigkeit.

»In der ganzen Schöpfung kann alles, was man will, und worüber man etwas vermag, auch bloß als Mittel gebraucht werden; nur der Mensch, und mit ihm jedes vernünftige Geschöpf, ist Zweck an sich selbst.«

606 **Worin liegt für Kant die Bestimmung des Menschen?**

Im moralischen und rechtlichen Fortschritt.

»Was ist die Naturbestimmung des Menschen? Die höchste Kultur. Welches ist der Zustand, darin sie möglich ist? Die bürgerliche Gesellschaft.«

607 **Wie bezeichnet Kant den Instinkt?**

Als »diese Stimme Gottes, der alle Tiere gehorchen«.

608 **Welche Besonderheit zeichnet für Kant den Menschen vor dem Tier aus?**

»Er entdeckte in sich ein Vermögen, sich selbst eine Lebensweise auszuwählen und nicht gleich anderen Tieren an eine einzige gebunden zu sein.«

609 **Was unterscheidet für Kant sinngemäß die menschliche Sexualität von der tierischen?**

Ihre Konstanz und Plastizität (Gestaltbarkeit).

»Der Mensch fand bald: daß der Reiz des Geschlechts, der bei den Tieren bloß auf einem vorübergehenden, größtenteils periodischen Antriebe beruht, für ihn der Verlängerung und sogar Vermehrung durch die Einbildungskraft fähig sei (...).«

610 **In welcher Hinsicht unterscheidet sich für Kant das Tier vom Menschen mit seiner Zukunftsbezogenheit?**

Tiere kennen keine Zukunftsangst; der Tod ist etwas, »was zwar alle Tiere unvermeidlich trifft, ohne sie doch zu bekümmern«.

611 **Was äußert Kant bezüglich der Erziehungsbedürftigkeit des Menschen?**

»Der Mensch muß erzogen und belehrt werden, also wächst die Gattung an Vollkommenheit.«

612 **Wie formuliert Kant die menschliche Fähigkeit zur und die Notwendigkeit von Vernunft?**

»Der Mensch ist ein Tier, was einer Disziplin durch die Vernunft bedürftig und fähig ist.«

613 **Was unterscheidet für Kant den Menschen vom Tier hinsichtlich der Vollendungsfähigkeit?**

»Beim Menschen erreicht die Gattung nur in einer Folge von Zeugungen ihre Bestimmung als vernünftig [sic!] Geschöpf.« Und an anderer Stelle: »Der Mensch ist ein Tier, das sich perfektioniert, und zwar nicht nur bloß das Individuum, sondern auch und vornehmlich die Spezies.«

614 **Was charakterisiert für Kant das Gattungsleben der Tiere und das der Menschen?**

Einheitlichkeit und Vielgestaltigkeit.

Das Tier ist »durch den Instinkt der Natur, welcher alle Glieder einer Gattung einstimmig macht angetrieben, der Mensch hingegen [wird] durch Launen und Einfälle (oder durch Grundsätze) getrieben, die keine Einheit verstatten«.

615 **Mit welcher Beschreibung hat Kant die These vom ›homo omnilocalis‹ (lat. omnis = aller, jeder; locus = Ort) vorweggenommen?**

Mit dem Satz: »Kann in allen Climaten und von allen Naturreichen leben.« Im Unterschied zu dieser beinahe universellen Anpassungsfähigkeit ist das Tier an einen jeweiligen Lebensraum gebunden.

616 **Wie bezeichnet Kant den Menschen bezüglich seiner gleichzeitigen Zugehörigkeit zur Immanenz und zur Transzendenz?**

Als ›Bürger zweier Welten‹. Seiner sinnlichen Natur nach gehört der Mensch der sinnlichen Welt (lat. mundus sensibilis) an; seiner geistigen Natur gehört er der intelligiblen Welt (lat. mundus intelligibilis) an.

617 **Wie bezeichnet Georg Wilhelm Friedrich Hegel (1770–1831) den Menschen?**

Als das um sich selbst wissende Tier; durch das Wissen, ein Tier zu sein, hört der Mensch auf, ein bloßes Tier zu sein.

618 **Was meint Karl Marx (1818–1883) damit, dass der Mensch ein ›gegenständliches Wesen‹ ist?**

Der Mensch ist für Marx nicht primär ein Geistwesen (Hegel), sondern ›unmittelbares Naturwesen‹, das auf Gegenstände und ihre Bearbeitung angewiesen ist, um sich selbst als Mensch zu konstituieren.

619 **Was ist gemeint, wenn Marx den Menschen als das ›Ensemble der gesellschaftlichen Verhältnisse‹ bezeichnet?**

Als geschichtliches Wesen hat der Mensch eine wandelbare Natur; der Mensch ändert sich mit der Veränderung der gesellschaftlichen Verhältnisse.

620 **Was ist gemeint, wenn Marx den Menschen als ›Gattungswesen‹ bestimmt?**

Dass der Mensch notwendig auf andere Mitglieder seiner Gattung bezogen ist. Der Mensch bedarf zu seiner Menschwerdung der anderen Menschen – sozusagen: *Ein* Mensch ist kein Mensch.

621 **Was ist in der Anthropologie von Marx/Engels im Wesentlichen der Mensch?**

Ein arbeitendes Tier (lat. homo laborans).

622 **In welchem Buchtitel von Friedrich Engels (1820–1895) kommt diese Bestimmung zum Ausdruck?**

In *Der Anteil der Arbeit an der Menschwerdung des Affen*, 1876.

623 **Warum ist für Jean Paul Sartre (1905–1980) der Mensch nicht definierbar?**

»(...) weil er anfangs überhaupt nichts ist. Er wird erst in der weiteren Folge sein, und er wird so sein, wie er sich geschaffen haben wird. (...) der Mensch ist nichts anderes als wozu er sich macht.«

624 **Wie bezeichnet Arthur Köstler (1905–1983) den Menschen?**

Als ›Irrläufer der Evolution‹.

625 **Worauf bezieht sich diese Einschätzung?**

Auf die asymmetrische Entwicklung der intellektuellen und der emotionalen Sphäre.

In intellektueller Hinsicht hat der Mensch den Weg von der Steinkeule zur Wasserstoffbombe geschafft; in emotionaler Hinsicht, z. B. im Umgang mit den Waffen (d. h. in seinem Aggressionsverhalten) ist er der ›alte Adam‹ geblieben.

626 **Wodurch besteht für den Tiefenpsychologen Carl Gustav Jung (1875–1961) die Möglichkeit, vom anderen Geschlecht zu wissen?**

Durch innere Eigenerfahrung (Introspektion), weil jeder Mensch einen Anteil vom anderen Geschlecht in sich hat: der Mann ›Anima‹, die Frau ›Animus‹. (Auch Freud ging von einer ursprünglichen Bisexualität des Menschen aus.)

627 **Worüber wird in der ›nature/nurture‹-Kontroverse gestritten?**

Darüber, ob der Mensch ein Produkt seiner Gene oder ein Produkt von Umwelt und Erziehung ist (engl. nurture = Pflege, Erziehung, Aufzucht).

628 **Worin besteht instinktgesteuertes Verhalten?**
In der programmierten Abfolge eines Reiz-Reaktion-Schemas, das automatisch und ohne bewusste Absicht und Einsicht erfolgt.

629 **Was versteht man unter ›Ontogenese‹ und ›Phylogenese‹?**
Ontogenese (gr. ousía = Wesen, Dasein und génos = Abstammung) ist die Individualentwicklung, Phylogenese (gr. phylé = Stamm, Gattung) ist die stammesgeschichtliche Entwicklung.

630 **Wonach fragt in der Kulturanthropologie der ›Strukturalismus‹?**
Nach den universalen Strukturen, die den kulturellen Einrichtungen der verschiedenen Völker zugrunde liegen.

631 **Was postuliert in der Kulturanthropologie der ›Evolutionismus‹?**
Eine einheitliche kulturelle Entwicklung der gesamten Menschheit; die Unterschiede zwischen den Kulturen kommen daher, dass die einzelnen Kulturen auf der Leiter der Entwicklung unterschiedlich weit fortgeschritten sind.

632 **Was ist bei Kant der Unterschied zwischen ›physiologischer‹ und ›pragmatischer‹ Anthropologie?**
Physiologische Anthropologie fragt, »was die Natur aus dem Menschen macht«; pragmatische Anthropologie fragt, »was der Mensch aus sich selbst macht, oder machen kann und soll«.

633 **Was soll der Mensch nach Kant aus sich machen?**
Der Mensch als ein von Natur vernunftfähiges Tier (lat. animal rationabile) soll aus sich selbst ein vernünftiges Tier (lat. animal rationale) machen.

634 **Warum ist für Ludwig Feuerbach (1804–1872) der Mensch das »allersinnlichste Wesen von der Welt«?**
Weil die Sinnlichkeit des Menschen nicht instinktgebunden und damit für die freie Gestaltung offen ist.

»Er hat die Sinne mit den Tieren gemein; aber nur in ihm wird die Sinnesempfindung aus einem relativen, den niederen Lebenszwecken untergeordneten Wesen ein absolutes Wesen, Selbstzweck, Selbstgenuß.«

635 **Was sagt Friedrich Nietzsche (1844–1900) zur Vergangenheitsbezogenheit von Mensch und Tier?**

»So lebt das Tier unhistorisch: denn es geht auf in der Gegenwart«; der Mensch »beneidet das Tier, welches sofort vergißt«.

636 **Was ist die Kernthese der ›Milieutheorie‹?**

Dass der Mensch das Ergebnis seines Milieus, d. h. seiner sozialen Umwelt ist.

637 **Wodurch werden für Irenäus Eibl-Eibesfeldt (*1928) die angeborenen Aggressions- und Tötungshemmungen außer Kraft gesetzt?**

Durch die kulturelle Pseudospeziation (Scheinartenbildung). Menschen anderer Kulturen erscheinen als Vertreter einer anderen Spezies und damit als Individuen, für die die angeborene Tötungshemmung nicht mehr gilt.

638 **Warum redet Konrad Lorenz (1903–1989) vom ›so genannten Bösen‹?**

Weil für ihn aggressives Verhalten im Dienst der Arterhaltung steht, d. h. in Wirklichkeit sinnvoll ist.

639 **Was ist ›Ethologie‹?**

(Vergleichende) Verhaltensforschung (gr. éthos = Eigenart, Gewohnheit).

640 **Was ist ›Ethnologie‹?**

Völkerkunde (gr. éthnos = Volk, Volksstamm).

641 **Welche Frage steht für Eibl-Eibesfeld in der Humanethologie im Vordergrund?**

Ob bzw. in welchem Ausmaß auch menschliches Verhalten durch

das stammesgeschichtliche Erbe vorprogrammiert ist; d.h. es geht um das Angeborene im Menschen, das sein Verhalten prägt.

642 **Was versteht man unter ›Trieb‹?**

Eine innere antreibende Verursachung.

643 **Was ist ›intraspezifische‹, was ›interspezifische Aggression‹?**

Intraspezifische Aggression (von lat. intra = innerhalb; species = Art) ist die innerartliche Feindseligkeit, d.h. die Aggression, die sich gegen Artgenossen richtet; interspezifische Aggression (von lat. inter = zwischen) ist die zwischenartliche Feindseligkeit, d.h. die Aggression gegen Artfremde.

644 **In welcher Hinsicht unterscheiden sich tierisches und menschliches Tötungsverhalten?**

Das Töten von Artgenossen, das beim Menschen (Krieg!) massenweise vorkommt, ereignet sich im Tierreich höchst selten.

645 **Welcher Ethnologe begründete die ›Kulturkreislehre‹?**

Leo Frobenius (1873–1938); als Kulturkreis gilt eine Ansammlung von Völkern, die durch eine einheitliche oder ähnliche Kultur verbunden sind.

646 **Was bedingt für Sigmund Freud (1856–1939) das ›Unbehagen in der Kultur‹?**

Die von der Kultur auferlegte Einschränkung der Triebfreiheit.

647 **Was ist – in Freuds eigener Definition – ›Psychoanalyse‹?**

»Wissenschaft vom Unbewußt-Seelischen«; »Psychologie des Es (und seiner Einwirkungen auf das Ich)«.

648 **Wie lauten für Freud die drei Kränkungen des Menschen?**

Die kosmologische Kränkung durch Nikolaus Kopernikus (1473–1543):
Die Erde ist nicht Mittelpunkt des Universums.

Die biologische Kränkung durch Charles Darwin (1809–1882):
Der Mensch ist nur eine Entwicklung im Zuge der natürlichen

Evolution allen Lebens. Er ist nicht die ›Krone der Schöpfung‹.
Die psychologische Kränkung durch die Psychoanalyse:
Der Mensch ist nicht immer Herr seines eigenen Ichs.

649 **Was bezeichnet man als ›Enkulturation‹?**
Den Prozess der Kulturaneignung, das Hineinwachsen des Menschen in die Kultur.

650 **Was ist der ›Diffusionismus‹?**
(lat. diffundere = ausgießen, verbreiten) Der Versuch, die Ähnlichkeit und Verwandtschaft geographisch entfernter Kulturen zu erklären.

651 **Wie interpretierte der Ethnologe P. Wilhelm Schmidt (1868–1954) die so genannten ›Primitivvölker‹?**
Als Reste der Menschheitsentwicklung, die es erlauben, frühe Stufen der Humangeschichte kennen zu lernen.

652 **Was ist ›Atavismus‹?**
(lat. atavus = Vorfahre) Der Rückfall in eine frühere Entwicklungsstufe; das Wiederauftreten von körperlichen oder geistigen Merkmalen früherer Generationen.

Ethik 653–797

653 **Was versteht man unter ›Ethik‹?**
(gr. éthos = Sitte, Brauch) Die Lehre oder Wissenschaft vom Sittlichen. Ethik ist die philosophische (Reflexions-)Theorie der Moral.

654 **Was ist ›Ethos‹?**
Die Sitte oder Moral (bzw. innere Haltung).

655 **Was ist ›Moral‹?**
(lat. moralis = sittlich) Moral bezeichnet ein Gefüge normativer Überzeugungen, die zum Ausdruck bringen, was für eine bestimmte Gesellschaft als sittlich gilt.

656 **Was ist ›Sittlichkeit‹?**
Gutes Handeln bzw. die Bereitschaft, sich moralisch zu verhalten.

657 **Was versteht man unter ›Moralismus‹?**
Die einseitige und übertriebene Beurteilung aller Dinge nach moralischen Kriterien.

658 **Was bezeichnet Arnold Gehlen (1904–1976) als ›Hypermoral‹?**
Die überzogenen Moralforderungen, wie sie vor allem von den Intellektuellen erhoben werden; weil diese keine politische Verantwortung zu tragen haben, können sie sich den Luxus eines Übermoralismus und die ›Tyrannei der Moralhypertrophie‹ leisten.

659 **Was versteht man unter ›Immoralismus‹ (Amoralismus)?**
Die Ablehnung moralischer Grundsätze und Werte.

660 **Was besagt die ›Theorie der Moralentwicklung‹?**
Moral ist nicht einfach gegeben, sondern entwickelt sich im Verlauf eines individuellen Reifungsprozesses in Stufen.

661 **Auf wen geht die Theorie der Moralentwicklung hauptsächlich zurück?**

Auf den Pädagogen und Entwicklungspsychologen Jean Piaget (1896–1980) sowie auf den Psychologen Lawrence Kohlberg (1927–1987).

662 **Was ist ›Nihilismus‹?**

(lat. nihil = nichts) Der Standpunkt, dass es weder Werte noch Ideale gibt, für die es sich zu leben oder zu sterben lohnt. Nihilismus ist die Überzeugung von der Sinnlosigkeit allen Tuns und Strebens.

663 **Was für eine Art Handlungstheorie ist Ethik?**

Ethik ist Handlungstheorie unter der Differenz von Gut und Böse.

664 **Worin unterscheiden sich ›Pragmatik‹ und ›Ethik‹ in der Beurteilung von Handlungen?**

Die Pragmatik beurteilt Handlungen nach den Kriterien ›richtig/falsch‹ im Sinn von ›zielführend/nicht zielführend‹, die Ethik nach den moralischen Kriterien ›gut/böse‹.

665 **Was umfasst ›Handlung‹?**

Tun und Unterlassen.

Beispiel: Einem Hilfsbedürftigen nicht zu helfen, wenn man die Möglichkeit dazu hätte, ist ein freiwilliges und absichtliches Tun und folglich auch eine zu verantwortende Handlung (eine Unterlassungshandlung).

666 **Was ist eine ›Handlung‹?**

Ein motivgeleitetes, von einem Akteur absichtlich ausgeübtes (›intentionales‹) Tun.

667 **Was ist ein ›Ereignis‹?**

Ein absichtsloses, anonymes und deshalb niemandem zuschreibbares Geschehen (z. B. eine Naturkatastrophe).

668 **Was ist der Unterschied zwischen ›Tat‹ und ›Ereignis‹?**
Einer Tat liegt ein absichtliches Handeln zugrunde, während ein Ereignis ein Geschehen ohne willentlichen Akteur ist.

669 **Was ist ›autonomes Handeln‹?**
(gr. autós = selbst und nómos = Gesetz) Selbstbestimmtes Handeln; ein Handeln entsprechend eigener moralischer Gesinnung und durch persönliche Entscheidung.

670 **Was ist ›heteronomes Handeln‹?**
(gr. héteros = der Andere und nómos = Gesetz) Fremdbestimmtes Handeln; ein Handeln, das nur aufgrund von Geboten oder Verboten ohne moralische Gesinnung erfolgt.

671 **Wann liegt für Immanuel Kant (1724–1804) eine Fremdbestimmung des Willens vor?**
Wenn der Wille sich nicht autonom bestimmt, sondern durch Triebe und Leidenschaften bestimmt wird.

672 **Wie wird die Ethik eingeteilt?**
In deskriptive Ethik, normative Ethik und Meta-Ethik.

673 **Was ist der Unterschied zwischen ›deskriptiven‹ und ›präskriptiven‹ Sätzen?**
Deskriptive Sätze sagen aus, was ist; präskriptive, was sein soll.

674 **Was ist deskriptive, was präskriptive (normative) Ethik?**
Die deskriptive Ethik ist beschreibend, die präskriptive oder normative Ethik ist vorschreibend.

Die deskriptive Ethik beschreibt z. B., welche moralischen Vorstellungen in einer Gesellschaft oder zu einer bestimmten Zeit herrschen, ohne sich für bestimmte moralische Anliegen auszusprechen. Die präskriptive oder normative Ethik ist fordernd; sie sagt (unter Angabe von Gründen), was in moralischer Hinsicht getan werden soll und was nicht.

675 **Wonach fragt die ›Metaethik‹?**

(gr. metá = hinter, nächst) 1. Nach Aufgabe und Sinn der Ethik sowie nach ihren Möglichkeiten und Grenzen (z. B. ob Ethik überhaupt in der Lage sein kann, über Gut und Böse zu entscheiden); 2. nach der Sprache der Ethik, indem die Bedeutung und Verwendung ethischer Begriffe untersucht wird; 3. danach, ob und wie sich Werte und moralische Normen erkennen und gegebenenfalls rechtfertigen (legitimieren) lassen.

676 **Worauf bezieht sich die ›Bereichsethik‹?**

Auf spezifische Handlungskontexte, z. B. auf Wirtschaft (Wirtschaftsethik), auf Medizin (Medizinethik), auf Sport (Sportethik), usw.

677 **Was ist eine ›Norm‹?**

Eine Norm ist eine Regel oder Vorschrift, die auch als Maßstab für eine Bewertung oder Beurteilung dient.

678 **Was ist ›Pflicht‹?**

Eine innere Nötigung zu einer Handlung, die von den Forderungen der ethischen Werte ausgeht.

679 **Was ist ›Gewissen‹?**

Im weiteren Sinne ein ethisches Verantwortungsbewusstsein; im engeren Sinn das sittliche Bewusstsein, d. h. das innere Gefühl darüber, was gut und böse, recht und unrecht ist.

680 **Welche Aufgabe hat die ›Ethik‹ gegenüber dem ›Recht‹?**

Ethik hat moralisch wünschenswerte Gesetze zu fordern und bestehende Gesetze auf ihre Aktualität und moralische Berechtigung zu überprüfen. Ethik ist Fundament, Reflexion, Erweiterung und Korrektiv des Rechts.

681 **Was sind ›Werte‹?**

Abstrakte orientierende Prinzipien, die zum Ausdruck bringen, was einer Person oder einer Gesellschaft als wertvoll gilt (z. B. Gesundheit, Frieden, Gerechtigkeit etc.).

682 **In welchem Verhältnis stehen ›Normen‹ zu ›Werten‹?**
Normen (Sollensforderungen) schützen Werte bzw. setzen Werte um. Der Wert des Lebens wird durch die Norm ›Du sollst nicht töten‹ geschützt und umgesetzt.

683 **Was ist ›ethischer Objektivismus‹?**
Die Auffassung, dass Werte objektiv sind, d. h. unabhängig von unseren Vorstellungen und subjektiven Interessen gelten.

684 **Was ist ›ethischer Subjektivismus‹?**
Die Auffassung, dass Werte subjektiv sind, d. h. von unseren Vorstellungen und subjektiven Interessen abhängig sind; auf ethische Fragen kann es deshalb keine objektiv richtigen Antworten geben.

685 **Wann sprechen wir von einem ›intrinsischen Wert‹?**
(lat. intrinsecus = inwendig, im Inneren) Wenn wir etwas um seiner selbst willen wertschätzen und nicht, weil es sich als Mittel für einen anderen Zweck eignet.

686 **Was ist das Gegenteil davon?**
Der extrinsische Wert.

687 **Mit welcher metaphysischen Voraussetzung steht und fällt die Ethik?**
Mit der menschlichen Freiheit (›Sollen setzt Können voraus‹). Wenn der Mensch nicht frei handelt, ist es sinnlos, ihn für sein Tun verantwortlich zu machen.

688 **Was bedeutet ›Verantwortlichkeit‹?**
Für sein Tun und Lassen Rede und Antwort stehen.

689 **Worin besteht die dreifache Relation der Verantwortlichkeit?**
Jemand (Verantwortungssubjekt) ist jemandem (Verantwortungsinstanz) für etwas (Verantwortungsbereich) verantwortlich.

690 **Was gilt es zu unterscheiden, wenn wir von ›Freiheit‹ reden?**
Willensfreiheit und Handlungsfreiheit.

691 **Was ist ›Willensfreiheit‹?**
Die Fähigkeit, etwas aus sich heraus zu wollen, d.h. Ziele zu setzen und zwischen Möglichkeiten zu wählen.

692 **Was ist ›Handlungsfreiheit‹?**
Die Fähigkeit, das Gewollte umzusetzen.

693 **Um welche Streitfrage geht es in der ›Kognitivismus/Non-Kognitivismus-Debatte‹?**
(lat. cognoscere = wissen) Um die Frage, ob es im strengen Wortsinn ein Wissen darüber geben kann, was in moralischer Hinsicht richtig oder falsch ist.

694 **Was besagt das ›Hume'sche Gesetz‹?**
Aus ›Sein‹ folgt kein ›Sollen‹ (aus deskriptiven ›ist‹-Aussagen folgen keine normativen ›soll‹-Aussagen).

695 **Was hat George Edward Moore (1873–1958) als ›naturalistischen Fehlschluss‹ (engl. naturalistic fallacy) bezeichnet?**
Den Versuch, den seines Erachtens nicht definierbaren Begriff ›gut‹ durch Rückführung auf eine außermoralische (natürliche) Eigenschaft zu definieren.

696 **Was ist die Grundthese des ›Emotivismus‹?**
Ausdrücke wie ›gut‹ oder ›richtig‹ haben nur eine emotive Bedeutung, d.h. mit solchen Ausdrücken werden bloß Gefühle oder individuelle emotionale Einstellungen zum Ausdruck gebracht, die keinen allgemein verbindlichen Anspruch erheben können.

697 **Was ist ›ethischer Relativismus‹?**
Der Standpunkt, dass ethische Auffassungen unterschiedlich (relativ) sind und dass es nicht möglich ist zu entscheiden, welche davon die richtige ist.

698 **Was ist die Gegenposition zum ethischen Relativismus?**
Der ethische Universalismus: Es gibt moralische Überzeugungen, die universell, d. h. von allen Menschen anerkannt werden bzw. anerkannt werden müssen.

699 **Wie erklärt der Universalismus die faktische Unterschiedlichkeit der Moralvorstellungen?**
Durch die Irrtumstheorie. Den abweichenden Positionen fehlt es an rechter Einsicht in die universellen moralischen Normen und Werte.

700 **Warum ist Relativismus eigentlich eine logische Unmöglichkeit?**
Weil nach dem Prinzip vom ausgeschlossenen Dritten nicht zugleich etwas und das Gegenteil davon wahr sein kann.

701 **Was ist ›kollektiver ethischer Relativismus‹?**
Die Auffassung, dass moralische Vorstellungen und Überzeugungen zwischen Gesellschaften, Kulturen oder Gruppen differieren.

702 **Was ist ›individueller Relativismus‹?**
Die Auffassung, dass moralische Vorstellungen und Überzeugungen von Mensch zu Mensch unterschiedlich sind.

703 **Welches Beispiel kann zeigen, dass nicht jeder ›kulturelle Relativismus‹ auch ein ›ethischer Relativismus‹ ist?**
Bei manchen Ethnien (z. B. bei den Inuit) war es die Pflicht der Kinder, die alten oder kranken Eltern auf deren Verlangen auszusetzen oder zu töten; bei uns ist das Gegenteil geboten. Der kulturelle Relativismus ist kein ethischer Relativismus, weil in beiden Fällen das Verhalten aus Liebe und Folgsamkeit gegenüber den Eltern erfolgt.

704 **Was ist ›ethischer Hedonismus‹?**
Die Auffassung, dass das Streben nach Lust (gr. hedoné = Lust, Freude, Genuss, Annehmlichkeit) und das Vermeiden von Unlust oberster Zielwert menschlichen Handelns sein soll.

705 **Was ist ›Eudämonismus‹?**

(gr. eudaimonía = Glück, Glückseligkeit) Die Auffassung, dass Glück das höchste Gut für den Menschen ist.

706 **Was sind nach Ansicht von Platon (427–347 v. Chr.) die ›Kardinaltugenden‹?**

(lat. cardinalis = hauptsächlich) Weisheit, Tapferkeit, Besonnenheit und Gerechtigkeit.

707 **Was besagt die ›Mesótes-Lehre‹ von Aristoteles (384–322 v. Chr.)?**

Tugend besteht in der ›rechten Mitte‹ zwischen den Extremen. Tapferkeit beispielsweise ist die rechte Mitte zwischen Tollkühnheit und Feigheit.

708 **Was lässt sich gegen diese Lehre einwenden?**

Was die ›rechte Mitte‹ ist, hängt davon ab, was man als Extreme definiert.

709 **Was ist das Lebensideal der ›stoischen Ethik‹?**

›Über den Dingen zu stehen‹, d.h. Apathie und Abgeklärtheit gegenüber den Wechselfällen des Lebens (gr. apátheia = Unempfindlichkeit, Gelassenheit, Leidenschaftslosigkeit).

710 **Was bedeutet bei den Stoikern ›naturgemäßes Leben‹?**

Vernunftgemäß zu leben, weil die Vernunft die eigentliche Natur des Menschen ausmacht.

711 **Welche ethische Aufgabe kommt für die Stoiker der Vernunft zu?**

Die Triebe und Leidenschaften zu kontrollieren und die Begierden zu bezwingen.

712 **Wer war der Gründer der Stoa?**

Zenon von Kition (um 333–264 v. Chr.).

713 **Wer waren die bekanntesten Stoiker?**

Kleanthes (ca. 331–232 v. Chr.), Chrysippos (ca. 281–208 v. Chr.),

Cicero (106–43 v. Chr.), Seneca (4 v. Chr. – 65 n. Chr.), Epiktet (50 –138), Mark Aurel (121–180).

714 **Was versteht man unter ›Autarkie‹?**

(gr. autárkeia = Selbstgenügsamkeit) Die Unabhängigkeit von äußeren Dingen oder anderen Menschen.

715 **Was versteht man unter ›Ataraxie‹, und wer hat diesen Zustand als höchstes Ziel propagiert?**

(gr. ataraxía = Leidenschaftslosigkeit) Ataraxie ist ein Zustand der Unerschütterlichkeit und Gelassenheit; dieses Ziel wurde von Epikur (341–270 v. Chr.) propagiert.

716 **Wie lautet die ›Goldene Regel‹ in der negativen, wie in der positiven Fassung?**

›Was du nicht willst, dass man dir tu, das füge keinem andern zu!‹ – ›Handle andern gegenüber so, wie du von ihnen behandelt werden willst!‹

717 **Wie definiert Augustinus (354–430) die Lüge?**

Als willentliche Falschaussage, d. h. als bewussten Verstoß gegen die Wahrheit. (lat. mendacium est enuntiatio cum voluntate falsum enuntiandi = Lüge ist eine Aussage mit dem Willen, falsch auszusagen.)

718 **In welcher Schrift vertritt Immanuel Kant (1724–1804) die Auffassung, dass das Verbot zu lügen ausnahmslos zu gelten habe, d.h. selbst dann, wenn durch eine Lüge ein Menschenleben gerettet werden könnte?**

In *Über ein vermeintes Recht aus Menschenliebe zu lügen*, 1797.

719 **Welchen gegenteiligen Effekt hat für Blaise Pascal (1623–1662) der unbedingte Wille zum Guten?**

»Der Mensch ist weder Engel noch Tier, und das Unglück will, daß, wer den Engel will, das Tier macht.«

720 **Welcher Moralphilosoph hat die Meinung vertreten, dass eigennütziges Streben für die Gesellschaft vorteilhaft ist?**

Adam Smith (1723–1790).

Nach Smith sorgt die ›unsichtbare Hand‹ (engl. invisible hand) des Marktmechanismus dafür, dass sich egoistisches Handeln zum allgemeinen Vorteil auswirkt. Smith folgt darin der Auffassung von Bernard de Mandeville (1670–1733) in seiner Schrift Die Bienenfabel oder Private Laster, öffentliche Vorteile *(The Fable of the Bees or, Private Vices, Publick Benefits, 1714).*

721 **In welchem Werk hat Smith diese Auffassung vertreten?**

In *Der Wohlstand der Nationen* (An Enquiry into the Nature and Causes of the Wealth of Nations, 1776).

722 **Mit welchem Werk ist Smith auch als Ethiker hervorgetreten?**

Mit *Theorie der moralischen Empfindungen* (The Theory of Moral Sentiments, 1759).

723 **Was versteht man unter ›Deontologie‹?**

Deontologie (gr. to déon = das Nötige, das Schickliche) ist Pflichtenlehre. Für die deontologische Ethik gilt das Gebotene unbedingt und ausnahmslos, weil es verpflichtend ist – unabhängig von besonderen Umständen und von den Handlungsfolgen. Moralität ist nicht auf außermoralische Gründe zurückführbar.

724 **Inwiefern ist die Kantische Ethik eine ›intentionalistische Ethik‹ (Gesinnungsethik)?**

Weil für Kant die Gesinnung und Absicht des Handelnden (lat. intentio = Absicht, Vorhaben) für die Beurteilung einer Handlung ausschlaggebend sein muss.

725 **Wie wird die intentionalistische Position begründet?**

Weil eine Handlung ungewollt einen anderen Verlauf nehmen kann als intendiert (›gut gemeint, schlecht getroffen‹), wäre es unfair, das unbeabsichtigte Handlungsresultat dem Handelnden zuzurechnen und zum Vorwurf zu machen. Der moralische Wert der Handlung muss deshalb für den Intentionalismus an der Intention und nicht an den Handlungsfolgen festgemacht werden.

726 **Wie heißt die Gegenposition zur intentionalistischen Ethik, und wer vertritt sie exemplarisch?**

Konsequentialistische Ethik (Konsequentialismus). – Der Utilitarismus.

727 **Was bezeichnet man als ›Erfolgsethik‹ (Konsequentialismus)?**

Diejenige Ethik, die den Wert einer Handlung nicht an der Handlungsabsicht, sondern an den Handlungsfolgen festmacht.

728 **Wem kommt für Kant ›Würde‹ zu?**

Nur dem Menschen; was Selbstzweck ist und Eigenwert hat (d.h. was seinen Wert in sich selbst hat) hat Würde und verdient deshalb Achtung.

»Das Vieh genießt des Lebens und der Natur [sic!], ohne deren würdig zu sein. Es kann also kein letzter Zweck sein. Nur allein der Mensch kann einen Endzweck der Schöpfung ausmachen.«

729 **Mit welcher Argumentation begründet Kant die Tierschutzethik?**

Tierquälerei verroht den Menschen und schwächt sein Moralgefühl. Tierschutz erfolgt also nicht um der Tiere, sondern um der Menschen willen.

730 **Was ist ein ›Imperativ‹?**

(lat. imperare = befehlen) Eine Forderung, eine Aufforderung, ein Gebot oder ein moralisches Gesetz.

731 **Was besagt der ›kategorische Imperativ‹ von Kant?**

»Handle so, daß die Maxime deines Willens jederzeit zugleich als Prinzip einer allgemeinen Gesetzgebung gelten könne.«

732 **Wie lautet Kants kategorischer Imperativ in einer anderen Fassung?**

»Handle so, daß du die Menschheit, sowohl in deiner Person, als in der Person eines jeden andern, jederzeit zugleich als Zweck, niemals bloß als Mittel brauchest.«

733 **Was versteht man unter einer ›Maxime‹?**

(lat. propositio maxima = höchster Grundsatz) Maximen sind handlungsleitende Grundsätze.

734 **Was ist der Kerngedanke der ›evolutionären Ethik‹?**

So wie sich alles im Zug der Evolution entwickelt hat, ist auch Moral das Resultat der Evolution. Werte und Moralprinzipien haben sich in Anpassungsprozessen evolutionär herausgebildet, weil sie einen Überlebensvorteil darstellen.

735 **Welche sind für Georg Wilhelm Friedrich Hegel (1770–1831) die ›objektiven Formen der Sittlichkeit‹?**

Familie, bürgerliche Gesellschaft und Staat.

736 **Was ist damit gemeint?**

Dass es für die Ethik – im Sinn einer Institutionenethik – mehr auf objektive regulierende Strukturen ankommt als auf das subjektive sittliche Verhalten der Menschen (Individualethik).

737 **Worin unterscheiden sich ›Individual‹- und ›Sozialethik‹?**

In der Individualethik geht es um das moralisch richtige Handeln zwischen Individuen, in der Sozialethik um das ethisch verantwortliche Handeln des Einzelnen gegenüber dem Ganzen sowie umgekehrt um die Verantwortung von Gesellschaft, Wirtschaft und Staat gegenüber dem Einzelnen.

738 **Was ist für Arthur Schopenhauer (1788–1860) die oberste ethische Maxime?**

Niemandem zu schaden, sondern nach Möglichkeit immer allen zu helfen (lat. naeminem laede, immo omnes, quantum potes, iuva).

739 **Wie bezeichnet man die Ethik Schopenhauers?**
Als Mitleidsethik.

740 **Wer gilt als Begründer des ›Utilitarismus‹?**
Jeremy Bentham (1748–1832).

741 **Von welcher Grundannahme geht der Utilitarismus aus?**
Dass alle Menschen danach streben, Lust zu erlangen und Unlust zu vermeiden.

742 **Wie lautet die allgemeine Handlungsregel des Utilitarismus?**
Handle so, dass das Wohlergehen aller von der Handlung Betroffenen so viel wie möglich gesteigert wird.

743 **Wie lauten die Parameter der Glücksbestimmung nach Bentham?**
Intensität, Dauer, Nähe/Ferne, Gewissheit/Ungewissheit, Folgeträchtigkeit, Anzahl der beteiligten Personen.

744 **Welche Auffassung vertritt John Stuart Mill (1806–1873) hinsichtlich der quantitativen Bemessung des Glücks?**
Die quantitative Bemessung des Glücks nach Bentham ist unzureichend, da noch die Qualität des Glücks miteinbezogen werden muss.

»Es ist besser, ein unzufriedener Mensch zu sein als ein zufriedengestelltes Schwein; es ist besser ein unzufriedener Sokrates zu sein als ein zufriedener Narr.«

745 **Welche Schwachstelle weist der Utilitarismus auf?**
Er spart das Prinzip der Gerechtigkeit aus.

Beispiel: Minderheiten könnten zur Steigerung des Gesamtnutzens unterdrückt werden.

746 **Inwiefern ist der Utilitarismus ein ›Sozialhedonismus‹?**
Weil es ihm nicht nur um das Glück des Einzelnen geht, sondern um das ›größte Glück der größten Zahl‹ (engl. greatest happiness of the greatest number).

»(...) die Norm des Utilitarismus ist nicht das größte Glück des Handelnden selbst, sondern das größte Glück insgesamt« (John Stuart Mill, 1806–1873).

747 **Von welchem Kriterium macht Bentham die Schutzwürdigkeit der Tiere abhängig?**

Von ihrer Leidensfähigkeit.

Weil sich Tier und Mensch in dieser Hinsicht gleichen, ergibt sich für ihn die tierschützerische Forderung, das Verbot der Leidenszufügung auch auf die Tiere auszuweiten. Der Umstand, dass Tiere weder über Vernunftvermögen noch über Sprachvermögen verfügen, ist irrelevant. »The question is not, Can they reason? Nor Can they talk? But, Can they suffer?«

748 **Mit welcher Formel umschreibt Bentham die Forderung nach moralischer Gleichheit aller Menschen?**

»Jeder zählt als einer und keiner mehr als einer.«

749 **Welche religiöse Ethik vertritt (mit ähnlicher Begründung) eine umfassende Schutzwürdigkeit der Tiere?**

Die Ethik des Buddhismus.

750 **Was ist ›Handlungsutilitarismus‹?**

Die Überzeugung, dass die Befolgung einer Vorschrift (z.B. ›Du sollst nicht lügen‹) von der jeweiligen Handlungssituation abhängig gemacht werden soll.

Beispiel: Wenn jemand nur durch eine Lüge vor seinen Verfolgern gerettet werden kann, ist es nach handlungsutilitaristischer Auffassung zulässig, gegen das Wahrheitsgebot zu verstoßen. Die Geltung der Regel, nicht zu lügen, ist davon abhängig, ob sie in einer bestimmten Situation die utilitaristische Maximierungsregel erfüllt oder nicht.

751 **Was ist ›Regelutilitarismus‹?**

Die Überzeugung, dass Regeln ausnahmslos gelten müssen, weil sie nur so ihren Nutzen im utilitaristischen Sinn erfüllen. Auf Regeln, die nicht strikt gelten, ist kein Verlass, d.h. sie erfüllen nicht wirklich ihre (nützliche) Funktion von Handlungsanleitungen, auf die man sich verlassen kann.

752 **Was ist für Karl Marx (1818–1883) der oberste Imperativ?**

»(...) alle Verhältnisse umzuwerfen, in denen der Mensch ein erniedrigtes, ein geknechtetes, ein verlassenes, ein verächtliches Wesen ist«.

753 **Inwiefern unterliegt für den Marxismus die Moral dem geschichtlichen Wandel?**

Die herrschende Moral ist die Moral der Herrschenden (d.h. der herrschenden Klasse).

754 **Wer repräsentiert für Friedrich Nietzsche (1844–1900) exemplarisch die ›Sklavenmoral‹?**

Christentum und Sozialismus.

755 **Warum ist für Nietzsche die Moral des Christentums eine ›Sklavenmoral‹?**

Demut und Nächstenliebe sind die Tugenden der Schwachen (der ›Zukurzgekommenen‹), die auf diese Tugenden angewiesen sind, weil sie anders nicht überleben können.

756 **Welche Moral setzt Nietzsche der ›Herden- und Sklavenmoral‹ entgegen?**

Die Herrenmoral.

757 **Was ist der Kerngedanke von Nietzsches *Genealogie der Moral* (1887)?**

Die kontingente und unrühmliche Herkunft der christlichen, nach Nietzsche lebensfeindlichen Moral (›Sklavenmoral‹) aus der Unterdrückung der Christen durch die Römer. Moralen sollten dagegen im Dienst des Lebens und der Lebenssteigerung stehen. (Genealogie = Geschlechter- und Familienkunde, Stammbaumforschung)

758 **Was ist sinngemäß bei Nietzsche ›Ressentiment‹?**
Der Hass der Ohnmächtigen und die Rache der Zukurzgekommenen. Die Schwachen erklären sich gegenüber den Starken als die ›Guten‹ und machen so aus ihrer Not eine Tugend.

759 **Wie hat der Schriftsteller Gottfried Benn (1886–1956) Nietzsches Philosophie genannt?**
Das »Erdbeben der Epoche«.

760 **Welches Lebensideal propagiert Nietzsches ›Zarathustra‹?**
Den Übermenschen. – »*Ich lehre euch den Übermenschen.* Der Mensch ist etwas, das überwunden werden soll. (...) Der Übermensch ist der Sinn der Erde.«

761 **Wie bezeichnet Nietzsche das ›Leben‹?**
Als »jene dunkle, treibende, unersättliche, sich selbst begehrende Macht«.

762 **Wie charakterisiert Nietzsche ›gut‹ und ›schlecht‹?**
»Was ist gut? – Alles, was das Gefühl der Macht, den Willen der Macht, die Macht selbst im Menschen erhöht. Was ist schlecht? – Alles was aus der Schwäche stammt.«

763 **Worin besteht ›Gerechtigkeit‹?**
Jedem das Seine (d.h. das ihm Zustehende) zu geben (lat. cuique suum tribuere).

764 **Was ist ›distributive Gerechtigkeit‹?**
(lat. distributio = Verteilung) Die austeilende Gerechtigkeit. Verteilungskriterien: Entweder ›Jedem das Gleiche‹ oder ›Jedem nach seiner Leistung‹ oder ›Jedem nach seinem Bedürfnis‹.

765 **Was ist ›kommutative Gerechtigkeit‹?**
(lat. commutatio = Wechsel, Austausch) Die austauschende Gerechtigkeit, die z. B. bei einer geschäftlichen Transaktion den Ausgleich zwischen Leistung und Gegenleistung (Ware und Geld) herstellt.

766 **Worin besteht ›formale Gerechtigkeit‹?**
In der einheitlichen Anwendung einer Regel. Die inhaltliche Gerechtigkeit betrifft die moralische Richtigkeit der Regel.

767 **In welchem Werk hat John Rawls (1921–2002) seine Gerechtigkeitstheorie entwickelt?**
In *Eine Theorie der Gerechtigkeit* (A Theory of Justice, 1971).

768 **Wie lauten seine beiden Grundsätze der ›Gerechtigkeit als Fairness‹?**
»1. Jedermann soll gleiches Recht auf das umfangreichste System gleicher Grundfreiheiten haben, das mit dem gleichen System für alle anderen verträglich ist. 2. Soziale und wirtschaftliche Ungleichheiten sind so zu gestalten, daß (a) vernünftigerweise zu erwarten ist, daß sie zu jedermanns Vorteil dienen und (b) sie mit Positionen und Ämtern verbunden sind, die jedem offen stehen.«

769 **Worauf erstrecken sich moralische Verpflichtungen?**
Anthropozentrismus (gr. ánthropos = Mensch):
Nur auf die Menschen.
Logozentrismus (gr. lógos = Wort, Lehre, Vernunft):
Nur auf vernünftige bzw. vernunftfähige Wesen.
Ethikozentrismus (gr. éthos = Gewohnheit, Sitte):
Nur auf moralfähige Wesen.
Pathozentrismus (gr. páthos = Leid, Schmerz):
Auf alle leidensfähigen Lebewesen.
Biozentrismus (gr. bíos = Leben):
Auf alle Lebewesen, d. h. auf die belebte Natur.
Holismus (gr. hólos = ganz) oder Physiozentrismus (gr. phýsis = Natur): Auf die Natur insgesamt (die belebte wie die unbelebte).

770 **Welche Straftheorie vertritt Platon (427–347 v. Chr.)?**
Eine Mischung von Abschreckungs- und Resozialisierungstheorie.

771 **Warum ist für Kant bei einem Kapitalverbrechen nur die Todesstrafe angemessen?**

»Hat er aber gemordet, so muß er sterben. Es gibt hier kein Surrogat zur Befriedigung der Gerechtigkeit.«

772 **Welcher Theorie gehört dieses Argument an?**

Der Vergeltungstheorie.

773 **Warum ist es moralisch zulässig, jemanden zu bestrafen?**

Abschreckungstheorie: Um durch das Statuieren eines Exempels den Täter von einer neuerlichen Straftat abzuschrecken (Individualprävention) bzw. um andere von einer Straftat abzuschrecken (Generalprävention).

Vergeltungstheorie: Um durch den Ausgleich von Vergehen und Strafe die Gerechtigkeit wiederherzustellen.

Resozialisierungstheorie: Um den Täter zu bessern.

774 **Welche Straftheorie vertritt der Utilitarismus?**

Für den Utilitarismus ist Bestrafung nur als Prävention legitim, d. h. um durch Abschreckung künftige Straftaten zu vermeiden und so das Wohlergehen der Gesellschaft zu steigern.

775 **Worum geht es in der ›Ethik des Suizids‹?**

Um die Frage der moralischen Erlaubtheit bzw. Rechtmäßigkeit der Selbsttötung.

776 **Warum ist für Albert Camus (1913–1960) der Suizid die grundlegende Frage der Philosophie?**

Weil sich alle weiteren Fragen erübrigen, wenn man sich gegen das Leben entschieden hat.

777 **Was gilt es für Epikur (341–270 v. Chr.) im Hinblick auf den Suizid zu überlegen?**

»(...) ob es besser ist, daß der Tod zu uns komme oder daß wir zu ihm gehen«.

778 **Was bezeichnet man als ›Epikureismus‹?**
Die auf Epikur zurückgehende Lehre, die in der Erfahrung von Lust das höchste Gut sieht. Der vernunftgeleitete Lebenswandel, der alles vermeidet, was langfristig mehr Leid als Lust bewirkt, führt zur Glückseligkeit.

779 **Wie lautet das Argument von Augustinus (354–430) gegen die Berechtigung des Freitods?**
Weil der Mensch sich nicht selbst gehört, sondern Gott, hat er nicht das Recht, über sich selbst zu verfügen.

780 **Wie bezeichnet Jean Améry (1912–1978) den Suizid?**
Als einen freien Tod und als ein Privileg des Humanen.

781 **Was versteht man unter ›Solidarismus‹?**
Dass jeder Mensch seine besonderen Fähigkeiten und Eigenschaften bewusst und freiwillig in den Dienst der Menschheit stellen soll.

782 **Was charakterisiert den ›kritischen Rationalismus‹ in der Ethik?**
Dass moralische Überzeugungen nicht immun sind, sondern einer kritischen Prüfung und prinzipiellen Revidierbarkeit offenstehen müssen.

*»Ebenso wie im Bereich der Wissenschaft wird der kritische Rationalismus auch im moralischen Bereich die prinzipielle Revidierbarkeit der in Frage kommenden Systeme fordern. Nur eine dogmatische Ethik kann unrevidierbar sein, nur sie kann gegen die Erfahrung vollkommen immunisiert werden. Auch ethische Systeme sind prinzipiell überprüfbar, und zwar nicht nur hinsichtlich ihrer logischen Widerspruchslosigkeit, sondern darüber hinaus hinsichtlich der Realisierbarkeit der in ihnen enthaltenen Forderungen und der Konsequenzen, die aus ihnen folgen.« (Hans Albert, *1921)*

783 **Was besagt das ›Münchhausentrilemma‹ von Albert?**

Eine definitive und letztgültige Begründung von moralischen Normen ist nicht möglich, da jeder Letztbegründungsversuch zu einem infiniten Regress, zu einem logischen Zirkel oder zum Abbruch des Begründungsverfahrens durch eine dogmatische Setzung führt.

784 **In welchem Werk trägt Hans Jonas (1903–1993) seine ›Verantwortungsethik‹ vor?**

In *Das Prinzip Verantwortung. Versuch einer Ethik für die technologische Zivilisation*, 1979.

785 **Wie lautet die Handlungsregel seiner ›Fernbereichsethik‹?**

»Handle so, daß die Wirkungen deiner Handlung verträglich sind mit der Permanenz echten menschlichen Lebens auf Erden.«

786 **Wie lautet für Jürgen Habermas (*1929) das Diskursprinzip der ›Diskursethik‹?**

»Gültig sind genau die Handlungsnormen, denen alle möglicherweise Betroffenen als Teilnehmer an rationalen Diskursen zustimmen könnten.«

787 **Wie lauten die vier Diskursregeln von Habermas?**

Verständlichkeit des Ausdrucks, Wahrheit der Aussage, Wahrhaftigkeit der Intention und Richtigkeit der Normen.

788 **Worin besteht für die Diskursethik die ›ideale Kommunikationsgemeinschaft‹?**

Im kommunikativen Austausch von Menschen, die ihre Ansprüche und Interessen als gleichberechtigt anerkennen (›herrschaftsfreier Diskurs‹) und die sich in gewalt- und zwangfreier Kommunikation um einen Konsens bemühen.

789 **Was ist für Peter Singer (*1946) ›Speziesismus‹?**

Die willkürliche und deshalb ungerechtfertigte Privilegierung einer biologischen Art (Spezies).

»Speziesismus (...) ist ein Vorurteil oder eine Haltung der Vorein-

genommenheit zugunsten der Interessen der Mitglieder der eigenen Spezies und gegen die Interessen der Mitglieder anderer Spezies.«

790 **Von welchen Kriterien macht Singer den ›Personenstatus‹ abhängig?**

Von der Fähigkeit, sich seiner selbst bewusst zu sein, rational denken zu können und über zukunftsbezogene Interessen zu verfügen.

791 **Auf wen geht diese Auffassung zurück?**

Auf John Locke (1632–1704).

Person ist für Locke »ein denkendes intelligentes Wesen, das Vernunft und Reflexion besitzt und sich als sich selbst denken kann, als dasselbe denkende Etwas in verschiedenen Zeiten und an verschiedenen Orten«.

792 **Wie definiert Kant ›Person‹?**

»Was sich der numerischen Identität seiner Selbst in verschiedenen Zeiten bewußt ist, ist sofern eine Person«. Und an anderer Stelle: »Person ist dasjenige Subjekt, dessen Handlungen einer Zurechnung fähig sind.«

793 **Mit welcher Analogie bestreitet Singer, dass ein potentieller Mensch die Rechte eines Menschen hat?**

Prinz Charles ist der potentielle König von England, hat aber deshalb nicht die Rechte des Königs von England.

794 **Warum ist für Singer die herkömmliche Ethik (z.B. die des Christentums) speziesistisch?**

Weil sie eine Art, nämlich die Spezies Mensch, einseitig bevorzugt (der Mensch als die ›Krone der Schöpfung‹) und alle anderen Arten damit diskriminiert.

795 **Was umfasst die ›Bioethik‹?**

Alle Probleme, die sich aus dem Eingriff in menschliches, tierisches oder pflanzliches Leben ergeben (gr. bíos = Leben). Zur Bioethik gehören die Medizinethik, die Tierethik und die Umweltethik.

796 **Was versteht man in der Ethik unter einem ›Argument der schiefen Ebene‹ (engl. slippery slope argument)?**

Die Behauptung, dass ein Schritt in eine bestimmte Richtung die Entwicklung ins Rutschen bringen und zu einem Dammbruch führen würde (deshalb auch ›Dammbruchargument‹ genannt).

Beispiel: Die Freigabe des assistierten Suizids wäre für manche der Weg in die Euthanasiegesellschaft (im Sinn der Tötung gegen den Willen der Betroffenen).

797 **Was besagt Friedrich August von Hayeks (1899–1992) Kritik an der christlich/sozialistischen Ethik der Solidarität und der Nächstenliebe?**

Die Ethik der Solidarität und der Nächstenliebe eignet sich für den Nahbereich (Familie und Freundeskreis), nicht aber für die ›große Gesellschaft‹.

POLITISCHE PHILOSOPHIE, SOZIALPHILOSOPHIE, RECHTSPHILOSOPHIE

798 **In welcher Schrift entwirft Platon (427–347 v. Chr.) seine Auffassung vom Idealstaat? Wie ist dieser konzipiert?**

Im *Staat* (Politeia). Sein Idealstaat ist ein Ständestaat, zusammengesetzt aus Wehrstand, Nährstand und Lehrstand.

799 **An welchem Vorbild orientiert sich dieses Staatsmodell?**

Am Modell der menschlichen Seele. Dem vernunftbegabten Seelenteil entspricht der Stand der Herrscher (Lehrstand), dem emotionalen Seelenteil der Stand der Krieger (Wehrstand) und dem begehrlichen Seelenteil der Stand der Gewerbetreibenden (Nährstand).

800 **Wer soll Platon zufolge den Staat regieren?**

Die sogenannten ›Philosophenkönige‹.

»*Wenn nicht entweder die Philosophen Könige werden (...) oder die, die man heute Könige nennt, echte und gründliche Philosophen werden, und wenn dies nicht in eines zusammenfällt: die Macht in der Stadt und die Philosophie (...) so wird es mit dem Elend kein Ende haben. (...) Denn es ist schwer einzusehen, daß nur in einer solchen Stadt das Glück für den einzelnen und die Gesamtheit zu finden sein sollte.*«

801 **In welchem Werk erhebt Karl Popper (1902–1994) gegenüber Platons Staatstheorie den Vorwurf des Totalitarismus?**

In *Die offene Gesellschaft und ihre Feinde* (The Open Society and its Enemies; 1945). Bd. I trägt den Titel *Der Zauber Platons*; Bd. II trägt den Titel *Falsche Propheten. Hegel, Marx und die Folgen*.

802 **Welche anthropologische Auffassung legt Aristoteles (384–322 v. Chr.) seiner Sozialphilosophie zugrunde?**

Es gibt für ihn Herren und Knechte von Natur aus.

»Es ist also klar, daß es von Natur Freie und Sklaven gibt und daß das Dienen für diese zuträglich und gerecht ist.«

803 **Wie definiert Aristoteles in seiner Schrift *Politik* den Staat?**

»Die aus mehreren Dörfern bestehende vollkommene Gemeinschaft ist der Staat.«

804 **Auf welches Ziel ist für Aristoteles der Staat angelegt und was soll er bewirken?**

Aus eigener Kraft (gr. autárkeia = Selbstgenügsamkeit) das gute Leben für alle Bürger zu ermöglichen.

805 **Warum ist für Aristoteles der Staat ein ›naturgemäßes Gebilde‹?**

Weil für ihn »der Mensch von Natur ein staatenbildendes Lebewesen ist«.

806 **Was beinhaltet Aristoteles' Theorie der Herrschaftsformen?**

Monarchie, Aristokratie und Politie sind gute Herrschaftsformen; Tyrannis, Oligarchie und Demokratie als deren Verfallsformen sind schlecht, weil sie nicht das Gemeinwohl, sondern bloß das Wohl der Herrschenden verfolgen.

Achtung: Was Aristoteles als Demokratie bezeichnet, entspricht nicht unserem heutigen Verständnis von Demokratie. Unserer Demokratie entspricht in etwa seine Politie, womit die auf das Gemeinwohl ausgerichtete Bürgerherrschaft gemeint ist.

807 **Wie definiert Marcus Tullius Cicero (106–43 v. Chr.) den Staat?**

Der Staat ist »eine Vereinigung einer Mehrzahl von Menschen, die sich durch übereinstimmendes Recht und zum gemeinsamen Nutzen miteinander verbunden haben«.

808 **Welche dreifache Aufgabe hat für Thomas von Aquin (1225–1274) der Staat zu erfüllen?**

Frieden zu sichern, Wohlstand zu schaffen und die Menschen zu tugendhaftem Leben anzuleiten.

809 **Wer ist für Thomas von Aquin der eigentliche Eigentümer der Erde und ihrer Güter? Wie wirkt sich diese (Naturrechts-)Lehre auf die zulässige Eigentumsverteilung aus?**

Der eigentliche Eigentümer der Erde und ihrer Güter ist Gott; das Eigentum hat so verteilt zu werden, dass alle Menschen die nötigen Unterhaltsmittel für ihr Leben haben.

810 **Warum ist für Thomas von Aquin Diebstahl aus Not erlaubt?**

Weil das Recht auf Leben dem Recht auf Eigentum vorausgeht. Wenn die Reichen von ihrem Überfluss nicht freiwillig an die Armen umverteilen, sind die Armen berechtigt, sich zu nehmen, was ihnen nach der naturrechtlichen Eigentumsordnung zusteht.

811 **Auf wen geht die Wortprägung ›Utopie‹ zurück?**

Auf Thomas Morus (1478–1535) mit seinem Werk *Utopia*, 1516.

812 **Was heißt ›Utopie‹ wörtlich und was versteht man darunter?**

(gr. ou = nicht und tópos = Ort) Utopien sind in der Wirklichkeit nicht existierende Idealentwürfe (meistens für das menschliche Zusammenleben).

813 **An wen richtet sich Machiavellis *Der Fürst* (Il Principe, 1513) und was will Niccoló Machiavelli (1469–1527) damit anbieten?**

An den Fürsten, der in einer Art ›Politikberatung‹ über die Gesetze der Machtsicherung unterrichtet werden soll.

814 **Was kennzeichnet den ›Machiavellismus‹?**

Die Entmoralisierung der Politik, d. h. die Trennung von Politik und Moral. Die Mittel zur Erreichung bzw. Erhaltung und Steigerung der Macht unterliegen keinen moralischen Kriterien.

815 **Was ist für Thomas Hobbes (1588–1679) der ›Naturzustand‹?**

Der rechtsfreie vorstaatliche Zustand, d. h. das Zusammenleben ohne regulierende Normen und Gesetze. Der Naturzustand ist ein allgemeiner Kriegszustand (lat. bellum omnia contra omnes).

816 **Was besagt der lateinische Ausdruck ›bellum omnium contra omnes‹?**

›Krieg aller gegen alle‹. Der Ausdruck wurde von Thomas Hobbes in seiner Staatstheorie zur Beschreibung des vorstaatlichen Naturzustands der Gesellschaft verwendet.

817 **Wie lautet Hobbes' anthropologische Grundannahme?**

Der Mensch ist dem Menschen ein Wolf (lat. homo homini lupus).

818 **Wie ist für Hobbes das Leben im Naturzustand beschaffen?**

»(...) einsam, arm, kümmerlich, roh und kurz«.

819 **Zu welchem Zweck wird für Hobbes der Staat gegründet?**

Um den allgemeinen Kriegszustand zu überwinden und um dadurch ein friedliches Zusammenleben zu ermöglichen.

820 **Worauf beruht für Hobbes der Staat?**

Auf einem Vertrag, in dem sich alle verpflichten, auf einen Teil ihrer ursprünglichen Freiheitsrechte zu verzichten und diese Rechte einem Souverän zu übertragen, der für die Einhaltung der Gesetze zu sorgen hat.

821 **Wie nennt man diese Staatsauffassung?**

Eine sozialkontraktualistische. (Sozialkontrakt = Gesellschaftsvertrag; Sozialkontraktstheorie = Lehre vom Gesellschaftsvertrag bzw. die Theorie, dass das staatlich regulierte Zusammenleben auf einem Vertrag aller mit allen beruht.)

822 **In welcher Schrift entfaltet Hobbes seine Sozialkontraktstheorie (Lehre vom Gesellschaftsvertrag)?**

Im *Leviathan*, 1651.

823 **Von welchem Kriterium macht Hobbes bei geschäftlichen Transaktionen die Erfüllung der Tauschgerechtigkeit abhängig?**

Von der Zahlungsbereitschaft.

824 **Wie heißt die Werttheorie, die dieser Auffassung zugrunde liegt, und wie heißt die gegenteilige?**

Subjektive Werttheorie, im Unterschied zur objektiven Werttheorie, für welche der (Tausch-)Wert eines Gegenstandes objektiv feststeht, weil er von den Herstellungs- und Beschaffungskosten abhängt.

825 **In welcher Schrift expliziert John Locke (1632–1704) seine liberale Staatstheorie?**

In den *Zwei Abhandlungen über die Regierung* (Two Treatises of Government, 1690).

826 **Zu welchem Zweck wird für Locke der Staat eingerichtet?**

Zur rechtlichen Regulierung des Zusammenlebens und zum Schutz des Eigentums.

827 **Wie nennt man einen Staat, der allein auf diese Aufgaben beschränkt ist?**

Minimalstaat (›Nachtwächterstaat‹).

828 **Was besagt Lockes ›Argument vom Indianerhäuptling‹, mit dem er die unterschiedliche Reichtumsverteilung im Kapitalismus rechtfertigen will?**

Selbst ein englischer Lohnarbeiter ist in materieller Hinsicht besser gestellt als ein Indianerhäuptling. Das heißt: Die Schlechtestgestellten in der disegalitären Wirtschaftsordnung des Kapitalismus schneiden im Vergleich besser ab als der Bestgestellte in einer nicht-kapitalistischen Ordnung.

829 **Welchen modernen Grundsatz vertritt Charles-Louis de Montesquieu (1689–1755) in seinem staatsphilosophischen Hauptwerk *Vom Geist der Gesetze* (De l'esprit des lois, 1748)?**

Den der Gewaltenteilung zwischen Legislative (gesetzgebende Gewalt), Judikative (richterliche Gewalt) und Exekutive (vollziehende Gewalt).

830 **Was ist die Kernthese von Jean Jacques Rousseaus (1712–1778) Kulturkritik?**

Fortschritt ist Verlust der Natürlichkeit und kultureller Verfall.

831 **In welcher Schrift entwirft Rousseau seine Lehre vom Gesellschaftsvertrag und seine Demokratietheorie?**

In *Vom Gesellschaftsvertrag oder Prinzipien des Staatsrechtes* (Du contract social; ou, principes du droit politique, 1754).

832 **Welche ist für Rousseau die Grundfrage des ›Contrat social‹ und wie lautet seine Antwort?**

Durch welche Gesellschaftsform können die Menschen verteidigt und geschützt werden, ohne ihre ursprüngliche Freiheit zu verlieren? – Durch die Herrschaft des Volkes über sich selbst (Demokratie).

833 **Was ist für Rousseau ›Freiheit‹?**

»Gehorsam gegen das Gesetz, das man sich selber vorgeschrieben hat, ist Freiheit.«

834 **Was ist für Rousseau die Grenze zulässigen Reichtums?**

Niemand darf so arm sein, dass er sich jemandem als Arbeitskraft verkaufen muss, und niemand darf so reich sein, dass er sich jemanden kaufen kann.

835 **Welcher Philosoph der Romantik sieht in der Faulheit ein Indiz für die göttliche Abkunft des Menschen?**

Friedrich Schlegel (1772–1829) sieht in der »gottähnlichen Kunst der Faulheit« das »einzige Fundament der Gottähnlichkeit, das uns noch aus dem Paradies geblieben ist«.

836 **Was versteht Immanuel Kant (1724–1804) unter ›Staat‹?**

Eine rechtlich verfasste Gemeinschaft. Der Staat ist die »Vereinigung einer Menge von Menschen unter einer Rechtsidee«.

837 **Warum ist für Kant der Staat nur eine ›Rechtsgemeinschaft‹?**
Weil der Staat nur die Aufgabe hat, durch Rechtsschutz das friedliche Zusammenleben der Bürger zu ermöglichen; für das wirtschaftliche und soziale Wohlergehen der Staatsbürger ist er nicht zuständig.

838 **Warum widerspricht für Kant der ›Wohlfahrtsstaat‹ dem ›Rechtsstaat‹?**
Wegen der Ungleichbehandlung der Bürger.

839 **Worin besteht ›(formale) Rechtsgleichheit‹?**
In der Gleichheit vor dem Gesetz.

840 **Worin besteht für Kant die ›bürgerliche Gesellschaft‹?**
In der Herrschaft des Gesetzes, der alle gleichermaßen unterworfen sind und die ein gedeihliches Miteinander ermöglicht.

841 **Was ist für Kant das ›Recht‹?**
Der »Inbegriff der Bedingungen, unter denen die Willkür des einen mit der Willkür des andern nach einem allgemeinen Gesetze der Freiheit zusammen vereinigt werden kann«.

842 **Warum ist für Kant die staatliche Rechtsordnung wesentlich eine Zwangsordnung?**
Weil »das Recht (...) mit der Befugnis zu zwingen verbunden [ist]«. »Recht und Befugnis zu zwingen bedeutet also einerlei.«

843 **Mit welcher Schrift ist Kant als Pazifist hervorgetreten?**
Mit der Schrift *Zum ewigen Frieden*, 1795.

844 **Was ist ›Bellizismus‹?**
(lat. bellum = Krieg, Kampf) Bellizismus ist der Gegenbegriff zu Pazifismus und meint die Verteidigung und Rechtfertigung des Krieges, im extremen Bellizismus sogar als Selbstzweck (›Krieg als existentielles Erlebnis‹).

845 **Mit welchen Äußerungen ist Georg Wilhelm Hegel (1770–1831) als Bellizist hervorgetreten?**

»Der Krieg«, so Hegel in der *Rechtsphilosophie* (1821) »hat damit die höhere Bedeutung, daß durch ihn (...) die sittliche Gesundheit der Völker in ihrer Indifferenz gegen das Festwerden der endlichen Bestimmtheiten erhalten wird, wie die Bewegung der Winde die See vor der Fäulnis bewahrt, in welche sie eine dauernde Ruhe, wie die Völker ein dauernder oder gar ein ewiger Friede versetzen würde«.

846 **Wie bezeichnet Hegel den ›Staat‹?**

Als »Wirklichkeit der sittlichen Idee«.

847 **Wie wird im Marxismus die ›marxistische Geschichtsauffassung‹ bezeichnet?**

Als ›historischer Materialismus‹ (abgekürzt auch als ›Histomat‹).

848 **Was sind die Kerngedanken des ›historischen Materialismus‹?**

Alles ist geschichtlich, d. h. permanent im Fluss; Geschichte ist ein gesetzmäßiger Prozess. Was die Geschichte vorantreibt, sind ökonomische Faktoren (die materiellen Produktionsbedingungen); Geschichte ist eine Geschichte von Klassenkämpfen, d. h. die permanente Auseinandersetzung zwischen Beherrschten und Herrschenden; geistige Gebilde wie Kunst, Religion oder Moral und politische und rechtliche Institutionen sind nicht selbständig und zeitlos, sondern als Überbaugebilde an die ›materielle Basis‹ rückgebunden.

849 **Was unterscheidet für Karl Marx (1818–1883) und Friedrich Engels (1820–1895) die kapitalistische Gesellschaft von Sklaverei und Feudalismus?**

In der Sklaverei und im Feudalismus ist der Mehrwerttransfer von den Arbeitenden auf die Eigentümer der Produktionsmittel offensichtlich, im Kapitalismus erfolgt er verborgen (weshalb er durch Analyse aufgewiesen werden muss).

850 **In welchem (dreibändigen) Werk will Marx diese Analyse geben?**
In *Das Kapital* (1867/1885/1894), das es sich zur Aufgabe macht, das Geheimnis der kapitalistischen Mehrwertproduktion zu enthüllen.

Kapitalismus ist für Marx ein kaschiertes Ausbeutungsverhältnis. Während der Sklave und der Leibeigene physisch gezwungen sind, für ihre Herren zu arbeiten, ist der Lohnarbeiter im Kapitalismus frei (Arbeitsvertrag!), aber durch seine wirtschaftliche Not (d. h. durch fehlende eigene Produktionsmittel) gezwungen, den Mehrwert seiner Arbeit an den Kapitalisten abzutreten.

851 **Welche sind – nach Wladimir I. Lenin (1870–1924) – die geistigen Quellen des Marxismus?**
Deutsche Philosophie, englische politische Ökonomie und französischer Sozialismus.

852 **Wie lautet bei Marx die 11. These über Feuerbach?**
»Die Philosophen haben die Welt nur verschieden interpretiert; es kömmt drauf an, sie zu verändern.«

853 **Was meint im Marxismus ›Dialektik‹?**
Die Wissenschaft von den allgemeinen Bewegungs- und Entwicklungsgesetzen der Natur, der Gesellschaft und des Denkens.

854 **Was ist der ursprüngliche Wortsinn von ›Dialektik‹?**
Dialektik (gr. dialégein = Rede und Gegenrede führen) war ursprünglich eine Methode der dialogischen Gesprächsführung im Dienst der Wahrheitsfindung.

855 **Worin besteht dialektisches Denken?**
Im beweglichen Denken in Gegensätzen, um im Durchgang durch gegensätzliche Positionen der Wahrheit einer Sache näher zu kommen.

856 **Welche sind die drei Schritte des ›dialektischen Dreisprungs‹?**
These (Setzung), Antithese (Negation), Synthese (Negation der Negation).

857 **Was sagt Ludwig Feuerbach (1804–1872) über den Dialektiker?**
»Der Denker ist nur darin Dialektiker, daß er sein eigener Gegner ist.«

858 **Wie verhalten sich für Marx/Engels ›Sein und Bewusstsein‹ zueinander?**
»Das Bewußtsein kann nie etwas Andres sein als das bewußte Sein, und das Sein des Menschen ist ihr wirklicher Lebensprozeß. (…) Nicht das Bewußtsein bestimmt das Leben, sondern das Leben bestimmt das Bewußtsein.«

859 **Was versteht man unter ›Sozialdarwinismus‹?**
Die Übertragung der Kategorien des biologischen Darwinismus (›Kampf ums Dasein‹, engl. struggle for existence; ›Überleben der Tüchtigsten‹, engl. survival of the fittest) auf die Gesellschaft.

860 **Warum hat für den Sozialdarwinismus die Umverteilung von Reichtum zugunsten der Armen zu unterbleiben?**
Weil dadurch der Ausleseprozess behindert wird.

861 **Was ist ›Soziobiologie‹?**
Die Wissenschaft von den biologischen Grundlagen des Sozialverhaltens.

862 **Was ist ›Naturrecht‹?**
Ein dem Menschen und der Gesellschaft vorausgehendes ›Recht von Natur‹ mit absolutem Verbindlichkeitsanspruch.

863 **Wann ist für die Naturrechtsauffassung Recht gerecht?**
Wenn es dem Naturrecht entspricht. Das von Menschen gemachte Recht (das ›positive‹, d. h. das jeweils gesatzte Recht) ist nur gültig, wenn es mit dem überpositiven Naturrecht übereinstimmt.

864 **Was besagt der ›Rechtspositivismus‹?**
Der Rechtspositivismus bestreitet, dass es absolut gültiges Recht von Natur gibt. Es gibt nur positive Rechte, d. h. Rechte, die vom Menschen gesetzt wurden.

865 **Welches ist das Hauptwerk des Rechtspositivismus?**

Die *Reine Rechtslehre* (1934) von Hans Kelsen (1881–1973).

866 **Was bezeichnet man als ›Gesetz‹?**

Ein Gesetz im juristischen Sinn (im Unterschied zum deskriptiven Gesetz der Naturwissenschaften) ist eine Forderung oder Vorschreibung, die sich an das menschliche Verhalten richtet.

Beispiel für ein präskriptives Gesetz im juristischen Sinn: Auf österreichischen Autobahnen ist die höchstzulässige Geschwindigkeit 130 km/h.

867 **Was sind ›Menschenrechte‹?**

Rechte, die allen Menschen – unabhängig von Rasse, Nationalität, Religion, Geschlecht, wirtschaftlicher Position, Alter etc. – zukommen. Menschenrechte gelten universal, weil sie nicht vom Staat verliehen sind, sondern von Natur aus gelten.

868 **Worum geht es im ›ius ad bellum‹, worum im ›ius in bello‹?**

Das ›ius ad bellum‹ (lat. für: Recht zum Krieg) legt fest, aus welchen Gründen es zulässig ist, einen Krieg zu beginnen bzw. zu führen; beim ›ius in bello‹ (lat. für: Recht im Krieg) geht es um die Frage, welche Mittel der Kriegsführung zulässig sein sollen.

869 **In welchem völkerrechtlichen Werk hat sich Hugo Grotius (1583–1645) diesen Fragen gewidmet?**

In *Vom Recht des Krieges und des Friedens* (De iure belli ac pacis, 1625).

870 **Was ist ›Technik‹?**

(gr. téchne = Geschicklichkeit, Kunst, Kunsterzeugnis) Im prozessualen Sinn eine könnerhaft und zweckmäßig ausgeübte Tätigkeit, d.h. das Wissen-wie einer Praxis; im resultativen Sinn die durch technisches Know-how entstandenen Gegenstände (die Welt der Maschinen).

871 **Als was bezeichnet Max Bense (1910–1990) in dem Buch *Technische Existenz* (1949) die von uns geschaffene technische Welt?**

Als eine »surreale Gestalt der Materie«. Gemeint ist damit eine Überwirklichkeit, die auf der Umformung der materiellen Welt beruht.

870 **Als was bezeichnet Friedrich Dessauer (1881–1963) in dem Buch *Streit um die Technik* (1956) die Technik?**

Als »reales Sein aus Ideen«.

873 **Wie äußert sich der Physiker und Philosoph Carl Friedrich v. Weizsäcker (1912–2007) zum Verhältnis von ›technischem Können‹ und ›ethischem Sollen‹?**

»Die Meinung, man müsse alles, was technisch machbar ist, auch wirklich machen, ist ein kindlicher Allmachtstraum, rührend bei einem Kind, verbrecherisch bei einem Erwachsenen. Diese Meinung ist insbesondere Ausdruck einer prinzipiell unethischen Mentalität. Technik ist Bereitstellung von Mitteln für Zwecke. Wo kein Zweck ist, ist das Mittel unnötig. Wer die Zwecke nicht erwägt, handelt gegen den Geist vernünftiger Technik. Alles Machbare zu machen ist Drogenmißbrauch, Mißbrauch der Droge Macht. Es verdient nicht den Namen Technik. Technik meint erwachsene Genauigkeit.«

874 **Was beklagt Karl Jaspers (1883–1969) in *Die geistige Situation der Zeit* (1931)?**

Die Reduktion von Wissen auf (technisches) Fachwissen.

»Es gibt nur die technischen Fragen; nach deren Erledigung bleibt das Stummsein, das nicht die Tiefe des Schweigens, sondern Ausdruck der Leere ist.«

875 **Worin sieht Ernst Cassirer (1874–1945) in *Form und Technik* (1930) den hegemonistischen Zug der Technik, sich alle Lebensbereiche untertan zu machen?**

»Sie beharrt nicht nur auf ihrer eigenen Norm, sondern sie droht, diese Norm absolut zu setzen und sie den anderen Gebieten aufzuzwingen (...).«

876 **Was meint der Technikkritiker Günther Anders (1902–1992) mit dem ›prometheischen Gefälle‹?**
»(…) daß wir der Perfektion unserer Produkte nicht mehr gewachsen sind; daß wir mehr herstellen als vorstellen und verantworten können; und daß wir glauben, das was wir können, auch zu dürfen: nein: zu sollen, nein: zu müssen.«

878 **Was ist ›Anthropotechnik‹?**
(gr. ánthropos = Mensch) Die Anwendung der Technik auf den Menschen; nach dem Umbau der äußeren Natur durch die Technik geht es um den Umbau der menschlichen Natur, beispielsweise durch die die Gentechnik. Der Mensch als Subjekt der Technik wird gleichzeitig zu ihrem Objekt.

878 **Was ist die Kernaussage von Max Horkheimers (1895–1973) *Kritik der instrumentellen Vernunft* (1967)?**
Vernunft ist das Vermögen, Zwecke zu setzen. Vernunft wird instrumentell, wenn sie nicht mehr über sinnvolle Orientierungen nachdenkt, sondern nur mehr die Aufgabe hat, über die Mittel für vorentschiedene Zwecke nachzudenken. Das ist der Fall, wenn sie sich in den Dienst der selbstzweckhaften Wirtschaft und Technik begibt.

879 **Welche Kriterien liegen der Risikoberechnung zugrunde?**
Schadensausmaß und Eintrittswahrscheinlichkeit.

880 **Was wäre beispielsweise eine Risikotechnologie, gekennzeichnet durch geringe Eintrittswahrscheinlichkeit bei gleichzeitig riesigem Schadensausmaß?**
Die Kernkraftwerkstechnologie.

881 **Was versteht man unter ›Anarchie‹?**
(gr. anarchía = Herrschaftslosigkeit) Anarchie bezeichnet eine gesellschaftliche Ordnung ohne staatliche Herrschaft, frei von Autorität und Hierarchien jeglicher Art.

882 **Wieviel Staat soll es nach der Auffassung des Anarchismus geben?**

Keinen; das menschliche Zusammenleben soll spontan und ohne bevormundende staatliche Regulierung erfolgen.

883 **Wer sind die Hauptvertreter des Anarchismus?**

Pierre Joseph Proudhon (1809–1865), Michail Alexandrowitsch Bakunin (1814–1876), Max Stirner (1806–1856).

884 **Was ist die Kernaussage in Max Stirners Hauptwerk *Der Einzige und sein Eigentum* (1845)?**

Die gesellschaftlichen Institutionen (Staat, Religion, Familie, Moral etc.) unterdrücken das Individuum und behindern die Entwicklung und Entfaltung seiner Eigenheit.

885 **Was ist der Grundgedanke der ›Aufklärung‹?**

Die Emanzipation des Menschen aus religiösen oder politischen Abhängigkeitsverhältnissen. Die Aufklärung lässt nur gelten, was sich vor der Vernunft rechtfertigen lässt.

886 **Was versteht man unter ›Liberalismus‹?**

(lat. liberalis = die Freiheit betreffend) Liberalismus ist eine von den Ideen der Aufklärung getragene Strömung, die sich von Überlieferungen, Gewohnheiten, Dogmen und sonstigen Autoritäten freimachen will, um damit die Freiheit des Individuums zu sichern.

887 **Was ist die Grundüberzeugung des politischen Liberalismus?**

Jeder Mensch gehört sich selbst und hat das uneingeschränkte Recht, über sich selbst zu verfügen und zu bestimmen.

888 **Welches Ziel steht im politischen Liberalismus im Vordergrund?**

Die individuelle Freiheit; die Befreiung des Menschen aus Bevormundung und Abhängigkeit.

889 **Was ist für den politischen Liberalismus die einzige Legitimationsgrundlage für den Staat?**

Als Rechtsordnung die Freiheitssphären der einzelnen Staatsbürger zu schützen und dadurch ein gewaltfreies, geregeltes und gesichertes Zusammenleben zu ermöglichen.

890 **In welchem Werk entfaltet John Stuart Mill (1806–1873) seine Verteidigung der individuellen Freiheit vor gesellschaftlicher und staatlicher Kontrolle?**

In *Über die Freiheit* (On Liberty, 1859).

891 **Was postuliert Mill in *Über die Freiheit*?**

Das Recht, »zu tun, was uns beliebt, ohne Rücksicht auf die Folgen und ohne uns von unseren Zeitgenossen stören zu lassen – solange wir ihnen nichts zuleide tun –, selbst wenn sie unser Benehmen für verrückt, verderbt oder falsch halten«.

892 **Mit welchem Argument verteidigt Mill das exzentrische Verhalten?**

»Gerade weil die Tyrannei der öffentlichen Meinung so stark ist, daß das Exzentrische einem zum Vorwurf gemacht wird, ist es erwünscht, daß man exzentrisch ist, um diese Tyrannei zu durchbrechen.«

893 **Mit welchem Argument wendet sich Mill gegen die paternalistische (bevormundende; lat. pater = Hausvater, Vater) Rolle des Staates?**

Weil jeder sich selbst gehört, geht den Staat das Verhalten des Einzelnen nichts an, sofern er mit seinem Verhalten nicht andere schädigt.

»Man kann einen Menschen nicht rechtmäßig zwingen, etwas zu tun oder zu lassen, weil dies besser für ihn wäre, weil es ihn glücklicher machen würde. (...) Um das zu rechtfertigen, müßte das Verhalten, wovon man ihn abbringen will darauf berechnet sein, anderen Schaden zu bringen. Nur insoweit sein Verhalten andere in Mitleidenschaft zieht, ist jemand der Gesellschaft verantwortlich. Soweit er dagegen selbst betroffen ist, bleibt seine Unabhängigkeit von Rechts

wegen unbeschränkt. Über sich selbst, über seinen eigenen Körper und Geist ist der einzelne souveräner Herrscher.«

894 **Von welchem Werk war Mills Schrift *Über die Freiheit* beeinflusst?**

Von Wilhelm von Humboldts (1767–1835) *Ideen zu einem Versuch, die Grenzen der Wirksamkeit des Staates zu bestimmen* (1851).

895 **Was besagt das ›Subsidiaritätsprinzip‹?**

(lat. subsidium = Reserve, Beistand, Hilfsmittel) Was von der kleineren sozialen Einheit (z. B. vom Einzelnen oder von der Familie oder der Gesellschaft) bewältigt werden kann, soll nicht von der größeren Einheit (z. B. vom Staat) an sich gezogen werden.

896 **Wodurch ist im ›Konservati(vi)smus‹ politische Herrschaft legitimiert?**

Nicht durch den Volkswillen wie in der Demokratie, sondern durch den Rückgriff auf transzendente Instanzen (Gott, Natur, Geschichte).

897 **Was charakterisiert den politischen Konservati(vi)smus?**

Das Interesse an der Erhaltung des Status quo (lat. conservare = beibehalten, bewahren).

898 **Was ist der Grundgedanke des ›Kommunismus‹?**

(lat. communis = gemeinsam) Die Gleichheit aller Menschen, die durch die Vergesellschaftung der Produktionsmittel erzielt werden soll.

899 **Was versteht man unter ›Sozialismus‹?**

(lat. socius = Freund, Genosse) Eine politische Richtung, die das Wohl der Gemeinschaft über das Wohl des Einzelnen stellt und durch den Gemeinbesitz an den Produktionsmitteln bzw. durch staatliche Umverteilung eine Angleichung der Vermögensverhältnisse und Lebenschancen erzielen will. Für Marx war der Sozialismus die auf den Kapitalismus folgende und dem Kommunismus vorausgehende Entwicklungsstufe.

900 **Was ist ›Etatismus‹?**

(fr. état = Staat) Die Stärkung der staatlichen Zentralgewalt bzw. eine auf das Staatsinteresse ausgerichtete Einstellung.

901 **Was wird als ›Ideologie‹ bezeichnet?**

Ein interessegeleitetes System von Ideen im Dienst der Erzielung bzw. Sicherung von Macht; ein geschlossenes Gedankensystem politischer, religiöser oder weltanschaulicher Art mit Ausschließlichkeits- und Absolutheitsanspruch.

902 **Welchen Wortsinn hat ›Ideologie‹ bei Karl Marx (1818–1883) gehabt?**

Den des ›verkehrten‹ und ›falschen Bewusstseins‹. Die Ideologie ist eine Theorie, die fälschlich annimmt, dass die Ideen die Realität beherrschen und dass mit einer bloßen Veränderung der Ideen eine Veränderung der gesellschaftlichen Verhältnisse bewirkt werden kann.

Achtung: Der Wortgebrauch von ›Ideologie‹ hat sich im späteren Marxismus völlig gewandelt. Für marxistische Parteien ist z.B. der Ausdruck ›marxistische Ideologie‹ wertneutral und bezeichnet soviel wie ›marxistische Programmatik‹ oder ›Ideengebäude‹ des Marxismus.

903 **Was ist für den Wissenssoziologen Karl Mannheim (1893–1947) ›Ideologie‹?**

Standortgebundenes Denken; alles Denken ist zwangsläufig seinsgebunden und damit perspektivisch. Entworfen wird diese Theorie in *Ideologie und Utopie* (1929).

904 **Was ist ›Herrschaft‹?**

Die Verfügung über Menschen und menschliche Leistungen bzw. Machtausübung über Untergeordnete.

905 **Wie definiert Max Weber (1864–1920) ›Herrschaft‹?**

»Herrschaft soll heißen die Chance, für einen Befehl bestimmten Inhalts bei angebbaren Personen Gehorsam zu finden.«

906 **Wie definiert Weber ›Macht‹?**

Als »jede Chance, innerhalb einer sozialen Beziehung den eigenen Willen auch gegen Widerstreben durchzusetzen, gleichviel, worauf diese Chance beruht«.

907 **Was bedeutet der Begriff ›Laizismus‹?**

Die Forderung nach Trennung von Kirche und Staat.

908 **Was heißt ›Demokratie‹ wörtlich?**

Volksherrschaft (gr. démos = Volk; krátos = Macht, Herrschaft).

909 **Was ist ›Oligarchie‹?**

Die Herrschaft Weniger; die Herrschaft einer kleinen Gruppe (gr. olígos = wenig; arché = Regierung, Herrschaft).

910 **Welche Frage steht im Zentrum der ›Bedürfniskritik‹?**

Die Frage, welche Bedürfnisse ursprünglich und echt sind und welche Bedürfnisse künstlich (z. B. durch Werbung) erzeugt werden. Die Rückfrage der Bedürfniskritik könnte lauten: Brauchen wir alles, was wir haben und haben wir umgekehrt alles, was wir wirklich brauchen?

911 **Welche Lebensform hat sich die antike Philosophenschule der Kyniker in ihrer radikalen Kritik der gesellschaftlichen Wertvorstellungen zum Vorbild genommen?**

Das Leben der Hunde (gr. kynós = Hund).

Öffentliches Kopulieren (wie die Hunde) sollte in provokanter Weise die gesellschaftlichen Wertvorstellungen hinterfragen. Im Leben der Hunde fanden die Kyniker auch ihr Ideal der Sorglosigkeit und Bedürfnislosigkeit vorexerziert.

912 **Wonach fragt die ›Geschichtsphilosophie‹?**

Nach allgemeinen Faktoren (Gesetzen), die den geschichtlichen Ereignissen zugrunde liegen sowie nach dem Sinn und Ziel der Geschichte.

913 **Was bestimmt nach christlicher Auffassung den Geschichtsverlauf?**

Die göttliche Vorsehung.

914 **Was ist nach christlicher Auffassung das Ziel der Geschichte?**

Die Einlösung der Heilserwartung. Geschichte ist somit wesentlich als Heilsgeschichte begriffen.

915 **Welche verschiedenen Zeitbegriffe der Geschichte gibt es?**

a) Einen zyklischen Zeitbegriff, nach dem sich die Geschichte nicht permanent ändert, sondern wiederholt.

b) Einen linearen Zeitbegriff, nach dem die Geschichte fortschreitet und sich fortlaufend ändert.

916 **Was ist ›Eschatologie‹?**

(gr. éschaton = das Letzte; lógos = Lehre; sprich: Es-chatologie) Eigentlich die Lehre von den letzten Dingen, heute in der Geschichtsphilosophie hingegen die Erwartung eines definitiven Vollendungs- und Erfüllungszustands der Geschichte.

917 **Wie interpretiert Augustinus (354–430) in seinem Werk *Vom Gottesstaat* (De civitate Dei) die Geschichte?**

Als Kampf zwischen Gottesstaat (lat. civitas Dei) und Erdenstaat (lat. civitas terrena).

918 **In welchen Schriften entfaltet Immanuel Kant (1724–1804) hauptsächlich seine geschichtsphilosophischen Gedanken?**

In *Idee zu einer Geschichte in weltbürgerlicher Absicht* (1784) und in *Mutmaßlicher Anfang der Menschheitsgeschichte* (1786).

919 **Was ist für Kant das Ziel der Geschichte?**

Die Etablierung der vollkommenen bürgerlichen Gesellschaft.

920 **In welcher Schrift entwirft Friedrich Schiller (1759–1805) seine Geschichtsphilosophie?**

In *Was heißt und zu welchem Ende studiert man Universalgeschichte?* (1789).

921 **Worin besteht für Schiller die Aufgabe und Leistung des Universalhistorikers?**

Darin, die »Bruchstücke (...) zum System, zu einem vernunftmäßig zusammenhängenden Ganzen« zu ordnen; »er bringt einen vernünftigen Zweck in den Gang der Welt und ein teleologisches Prinzip in die Weltgeschichte«.

922 **Welches Telos (gr. télos = Ausgang, Ziel) liegt für Johann Gottlieb Fichte (1762–1814) dem ›Weltplan‹ zugrunde?**

»Der Zweck des Erdenlebens der Menschheit ist der, daß sie in demselben alle ihre Verhältnisse mit Freiheit nach der Vernunft einrichte.«

923 **Was ist für Georg Wilhelm Friedrich Hegel (1770–1831) ›Geschichtsphilosophie‹?**

»(...) die Philosophie der Geschichte [ist] nichts anderes als die denkende Betrachtung derselben (...).«

924 **Wie sieht Hegel die Geschichte?**

Als Entfaltung der Vernunft, als Explikation Gottes. »(...) daß Vernunft in der Weltgeschichte ist, (...) die göttliche, absolute Vernunft, ist eine Wahrheit, die wir voraussetzen. (...) Die Weltgeschichte ist nur die Erscheinung dieser einen Vernunft, eine der besonderen Gestalten, in denen sie sich offenbart, ein Abbild des Urbildes, das sich in einem besondern Element, in den Völkern darstellt.« [Im Original kursiv] Und weiters heißt es bei Hegel: »Es hat sich also erst und es wird sich aus der Betrachtung der Weltgeschichte ergeben, daß es vernünftig in ihr zugegangen, daß sie der vernünftige, notwendige Gang des Weltgeistes gewesen, der die Substanz der Geschichte [ist], der eine Geist, dessen Natur eine und immer dieselbe ist, und der in dem Weltdasein diese seine eigene Natur expliziert. (Der Weltgeist ist der Geist überhaupt.)«

925 **Wie bezeichnet Hegel die ›Weltgeschichte‹?**
Als »Fortschritt im Bewußtsein der Freiheit«.

926 **Was besagt bei Hegel die ›List der Vernunft‹?**
Während die Menschen meinen, ihren eigenen Zielen zu folgen, bedient sich in Wirklichkeit der Weltgeist der Menschen, um sich zu verwirklichen. Die Interessen der Einzelnen stehen somit ungewollt im Dienst eines höheren Interesses.

927 **Was ist für den Marxismus das Ziel der Geschichte?**
Die klassenlose Gesellschaft des Kommunismus.

928 **Wie lautet das Gerechtigkeitsprinzip der kommunistischen Zukunftsgesellschaft?**
»Jeder nach seinen Fähigkeiten, jeder nach seinen Bedürfnissen.«

929 **Worum geht es in Friedrich Nietzsches (1844–1900) Schrift *Vom Nutzen und Nachteil der Historie für das Leben* (1874)?**
Um das Verhältnis von historischem Wissen und Handeln.
»Nur soweit die Historie dem Leben dient, wollen wir ihr dienen (...).« Als bloßes Bildungsideal ist sie etwas, »bei dem das Lebendige zu Schaden kommt«.

930 **In welchem Werk entwickelt Karl Jaspers (1883–1969) das geschichtsphilosophische Konzept der ›Achsenzeit der Weltgeschichte‹?**
In *Vom Ursprung und Ziel der Geschichte*, 1949.

931 **Welche Zeit ist mit der ›Achsenzeit‹ gemeint?**
Die Zeit von 800–200 v. Chr., die gleichzeitig in Griechenland, Persien, Indien und China einen geistigen und kulturellen Umbruch in die Reflexivität herbeigeführt hat.

932 **Was betont der ›Historismus‹?**
(lat. historia = Geschichte) Die geschichtliche Gewordenheit und damit Kontingenz aller Ereignisse und des Denkens.

933 **Was ist im Unterschied dazu ›Historismus‹ in der Geschichte der Kunst?**

Die durch Flucht in die Vergangenheit und durch Stilrepetition gekennzeichnete Stilepoche, hauptsächlich in der Zeit von ca. 1850 bis 1920 (Neogotik, Neorenaissance, Neobarock etc.).

934 **Was bezeichnet Karl Popper (1902–1994) als ›Historizismus‹?**

Die Auffassung, dass die Geschichte nach vorhersagbaren Gesetzen verläuft.

Das Werk Das Elend des Historizismus *(The Poverty of Historicism, 1944/45) ist vor allem eine Absage an die marxistische Geschichtsphilosophie. Den marxistischen ›Träumen der Weltenbeglückung‹ setzt Popper eine ›Sozialtechnik der kleinen Schritte‹ entgegen (schrittweiser Umbau der Gesellschaft, bestimmt von Versuch und Irrtum).*

935 **Mit welchem Werk ist der Geschichtsphilosoph Oswald Spengler (1880–1936) bekannt geworden?**

Mit *Der Untergang des Abendlandes*, 1918–1923.

936 **Welche Phasen durchläuft nach Spenglers ›Kulturkreislauftheorie‹ jede Kultur?**

›Frühzeit‹, ›Sommer‹, ›Herbst‹ und ›Winter‹.

937 **In welchem Werk kritisiert Theodor Lessing (1872–1933), dass die Geschichtsschreibung im Nachhinein einen Sinn konstruiert, wo keiner ist?**

In *Geschichte als Sinngebung des Sinnlosen*, 1919.

938 **Was meint ›Kollektivbewusstsein‹?**

Der von dem französischen Soziologen Émile Durkheim (1858–1917) geprägte Begriff bezeichnet die »Gesamtheit der Anschauungen und Gefühle, die der Durchschnitt der Mitglieder derselben Gesellschaft hegt«.

939 **In welchem Werk hat der spanische Philosoph und Soziologe José Ortega y Gasset (1883–1955) seine geistesaristokratische und demokratiekritische Auseinandersetzung mit der modernen Massenkultur vorgelegt?**

In *Der Aufstand der Massen* (La rebelión de las masas, 1930; dt. 1931).

Ästhetik und Philosophie der Kunst 940–1000

940 **Was ist ›Ästhetik‹?**

Die Lehre von der sinnlichen Aneignung der Wirklichkeit (gr. aísthesis = Empfindung, sinnliche Wahrnehmung, aisthetiké epistéme = Wissenschaft der sinnlichen Erfahrung oder vom sinnlich Wahrnehmbaren).

941 **Worin besteht die ›ästhetische Einstellung‹?**

In einem Weltverhalten, das nicht auf begriffliche Erkenntnis oder auf praktischen Nutzen abzielt, sondern auf ein erweitertes und verfeinertes Wahrnehmen.

942 **Wer gab der Ästhetik als eigenständiger Disziplin ihren Namen?**

Alexander Gottlieb Baumgarten (1714–1762) mit seiner Schrift *Ästhetik* (Aesthetica).

943 **Wie definiert Baumgarten die Ästhetik?**

Als ›Wissenschaft der sinnlichen Erkenntnis‹.

944 **Was ist ›Kallistik‹?**

(gr. kállos = Schönheit; gr. kálliston = das Schönste) Die Lehre vom Schönen.

Entsprechend dem Sprachgebrauch, etwas Ansprechendes und Geschmackvolles als ›ästhetisch‹ zu bezeichnen, wird die Ästhetik oft als Lehre vom Schönen bezeichnet. Das ist inkorrekt! Die Lehre vom Schönen ist die Kallistik, die bloß einen Teilbereich der Ästhetik ausmacht. Die Ästhetik umfasst alle Wahrnehmungsqualitäten, also auch das Hässliche, das Schockierende, das Langweilige usw. usf.

945 **Was ist ›Autotelie‹?**

(gr. autós = selbst; télos = Zweck, Ziel) Selbstzwecklichkeit.

Autotelisch ist ein Tun oder Geschehen, das seinen Sinn und Zweck in sich selbst hat. Man wandert z.B. nicht, um irgendwo anzukommen, sondern aus Vergnügen am Wandern (›der Weg ist das Ziel‹).

946 **Was ist ›Ästhetizismus‹?**

Die übersteigerte bzw. verabsolutierte ästhetische Einstellung, d.h. die Lebenshaltung, die dem Ästhetischen einen absoluten Vorrang vor anderen Werten (z.B. der Moral) einräumt.

947 **Wie verhalten sich dem Begriffsumfang nach Ästhetik und Philosophie der Kunst zueinander?**

Ästhetik ist der weitere, Philosophie der Kunst der engere Begriff.

Ästhetik hat es mit der sinnlichen Aneignung der gesamten Wirklichkeit zu tun, mit Gegenständen der Natur (Naturafakte) und mit Gegenständen der Kunst (Artefakte). Die Philosophie der Kunst hat es nur mit Artefakten zu tun; sie ist ein Teilbereich der Ästhetik.

948 **Worin unterscheidet sich Kunst im ästhetischen Wortsinn von außerästhetischer Kunst?**

Kunst im ästhetischen Wortsinn ist, was wir als ›schöne Kunst‹ (engl. fine arts; ital. belle arti) bezeichnen. Kunst im außerästhetischen Wortsinn ist jedes könnerhafte Know-how (z.B. ärztliche Kunst).

949 **Was ist ein ›Artefakt‹, und wie heißt der Gegenbegriff dazu?**

(lat. ars = Kunst, Können; facere = tun, machen) Ein durch menschliches Tun hergestellter Gegenstand; das Gegenstück zum Artefakt ist das Naturafakt.

950 **Was ist in der negativen Abgrenzung, wie sie die Sophisten (5./4. Jh. v. Chr.) und später Immanuel Kant (1724–1804) vorgenommen haben, Kunst?**

Kein Werk der Natur, kein Werk des Zufalls und kein Werk der Wissenschaft.

951 **Was ist ›Kunst‹ im objektiven Wortsinn?**

Das Insgesamt der Kunstwerke.

952 **Was ist ›Kunst‹ im subjektiven Wortsinn?**
Das könnerhafte und schöpferische Vermögen des Menschen, mit sinnlichen Darstellungsmitteln ein Werk hervorzubringen, das eine geistige Aussage transportiert.

953 **Welche war in der griechischen Frühzeit (6. Jh. v. Chr.) die überwiegende Vorstellung über die Herkunft der Kunst?**
Die Kunst wird den Künstlern von den Göttern eingegeben. Aufgabe der Dichtung ist es, die Botschaft der Götter zu übermitteln.

954 **Was versteht man unter ›metaphysischer Kunstauffassung‹?**
Die Auffassung, dass es in der Kunst um die Vermittlung der (metaphysischen) Wahrheit geht. Kunst hat dem Menschen dabei zu helfen, in seine metaphysische Heimat zurückzufinden.

955 **Wer hat beispielsweise die metaphysische Kunstauffassung vertreten?**
Der Pythagoreismus (5./4. Jh. v. Chr.), Platon (427–347 v. Chr.), Plotin (205–270), das christliche Mittelalter, Georg Wilhelm Friedrich Hegel (1770–1831).

956 **Welche Ästhetik hat eine nicht-metaphysische Wahrheitstheorie der Kunst vertreten?**
Die marxistische Ästhetik. Kunst hat die Aufgabe, politische Wahrheiten zu fassen, sinnfällig darzustellen und zu propagieren.

957 **Welche Aufgabe hat Kunst für den ›ästhetischen Hedonismus‹?**
(gr. hedoné = Lust, Freude) Kunst hat als Spiel der Unterhaltung, der Verschönerung des Lebens und der heiteren Gemütsverfassung zu dienen.

958 **Wer vertritt in der griechischen Antike eine nicht-metaphysische Herkunftstheorie der Kunst?**
Demokrit (um 460–370 v. Chr.); die Kunst entnimmt für ihn ihre Vorbilder der Natur.

959 **Was versteht man unter ›ästhetischem Formalismus‹?**

Die Auffassung, dass es in der Kunst in erster Linie auf die Form ankommt. Alle Inhalte sind, bei entsprechender formaler Gestaltung, kunstfähig.

960 **Was versteht man unter ›Inhaltsästhetik‹?**

Die Auffassung, dass es in der Kunst mehr auf die (rechten) Inhalte ankommt als auf die formale Gestaltung.

961 **Was heißt ›Mimesis‹ wörtlich?**

Abbildung, Nachbildung, Nachahmung (gr. mímesis).

Nach überwiegender Überzeugung hat mimetische Kunst nicht einfach ein naturalistisches Duplikat der Wirklichkeit zu liefern, sondern hinter der Oberfläche die eigentliche Wirklichkeit zu erfassen und darzustellen.

962 **In welcher Schrift beschreibt Xenophon (um 426–355 v. Chr.) die Wirkung des Schönen?**

Im *Gastmahl* (Symposion); die Wirkung des Schönen wird anhand des schönen Jünglings beschrieben.

963 **Was besagt die ›Ethoslehre‹ der Musik?**

(gr. éthos = Gewohnheit, Sitte) Der Musik wird eine erzieherische und charakterbildende Leistung zugeschrieben.

964 **Was ist für Aristoteles (384–324 v. Chr.) ›schön‹?**

Was um seiner selbst willen geschätzt wird.

965 **Was ist ›Katharsis‹?**

(gr. kátharsis = Reinigung, Abreaktion, Entladung). Kathartische Kunst bewirkt eine Spannungsabfuhr und versetzt dadurch den Menschen in einen ausgeglichenen inneren Zustand.

966 **Wann sprechen wir von ›autonomer Kunst‹?**
(gr. autó-nomos = nach eigenen Gesetzen, unabhängig) Wenn Kunst keine außerkünstlerischen Rücksichten nimmt, sondern nur den eigenen Gesetzen gehorcht.

967 **Was wären ›heteronome Kunstauffassungen‹?**
(gr. héteros = der Andere und nómos = Gesetz) Kunst im Dienst der Religion, der Moral oder der Politik.

968 **Wie unterscheidet Marcus Tullius Cicero (106–43 v. Chr.) Handwerkskunst von ästhetischer Kunst?**
Handwerkskunst steht im Dienst des Lebensunterhalts, ästhetische Kunst im Dienst der (geistigen) Unterhaltung.

969 **Worauf beruht die ›maßästhetische Schönheitsauffassung‹?**
Auf der Überzeugung, dass Schönheit eine Frage der Verhältnisbestimmung (Proportionalität) ist, d. h. der Anordnung der Teile zueinander und zu einem Ganzen.

970 **Welche Musik lässt das Frühchristentum allein gelten?**
Die Kirchenmusik. Die (so viel wie möglich entsinnlichte) Musik hat eine Art von tönendem Gebet zu sein.

971 **Mit welcher Frage formuliert Augustinus den Gegensatz von ästhetischem Subjektivismus und Objektivismus?**
Sind Dinge schön, weil sie uns gefallen oder gefallen sie uns, weil sie schön sind?

972 **Wer gilt als der Entdecker der neuzeitlichen ästhetischen Naturerfahrung?**
Francesco Petrarca (1304–1374) mit seiner Besteigung des Mont-Ventoux und mit seiner Schilderung der Besteigung im Mont-Ventoux-Brief.

973 **Als was hat sich die ›Renaissance‹ verstanden?**
Als Wiederentdeckung und Wiedergeburt der Antike (ital. rinascita = Wiedergeburt).

974 **In welcher Schrift formuliert Immanuel Kant (1724–1804) seine Theorie der Ästhetik und der Kunst?**
In der *Kritik der Urteilskraft*, 1790.

975 **Was unterscheidet für Kant das ›Schöne‹ vom ›Angenehmen‹?**
Das Angenehme erzeugt eine sinnliche, das Schöne eine geistige Lust.

Das Angenehme erweckt eine Begierde, d. h. man will den angenehmen Gegenstand haben und konsumieren; beim Schönen begnügt man sich mit der kontemplativen Bewunderung (›interesseloses Wohlgefallen‹).

976 **Was ist für Kant sinngemäß ›schön‹?**
Schön ist, was gefällt – aber mit den folgenden Zusatzbedingungen: Schön ist, was ohne Interesse und ohne Begriff, auf Grund der inneren Zweckmäßigkeit der Form, ein notwendiges und allgemeines Wohlgefallen hervorruft.

977 **Was ist für Kant ›Genie‹?**
»Genie ist das Talent (Naturgabe), welches der Kunst die Regeln gibt.«

978 **Wie formuliert Johann Wolfgang von Goethe (1749–1832) das Verhältnis des Schönen zum Nützlichen?**
»Es ist das Vorrecht des Schönen zu gefallen, ohne nützlich zu sein.«

979 **Mit welchem Vers behauptet Friedrich Schiller (1759–1805), dass das Vermögen, Kunst zu machen und zu konsumieren, ein exklusiv menschliches ist?**
»Die Kunst, o Mensch, hast du allein«.

980 **In welcher Schrift hat Schiller die Theorie vom menschenbildenden Charakter der Kunst formuliert?**
In *Über die ästhetische Erziehung des Menschen, in einer Reihe von Briefen*, 1795.

981 **Was bewirkt nach Schiller ›ästhetische Erziehung‹?**
Sie vermittelt Sinnlichkeit und Geistigkeit und bildet dadurch den Menschen zur Ganzheitlichkeit aus.

982 **Aus welcher Quelle leitet Sigmund Freud (1856–1939) die Kunst her?**
Aus der Triebsphäre.

983 **Was ist für Freud das Kunstschaffen?**
Ein sublimierter, d. h. auf ein nicht-sexuelles, sozial akzeptiertes Ziel gerichteter Trieb mit eigentlich sexuellem Inhalt; ein sozialisierter Tagtraum.

984 **Was ist für Georg Wilhelm Friedrich Hegel (1770–1831) der ›substantielle Zweck‹ der Kunst?**
Die Vermittlung des Absoluten für das endliche Bewusstsein.

985 **Mit wem teilt nach Hegel die Kunst diese Aufgabe?**
Mit der Religion und mit der Philosophie.

986 **Worin unterscheiden sich bei Hegel Kunst, Religion und Philosophie?**
Nicht im Gegenstand, sondern nur in der Art und Weise, über ihren Gegenstand (das Absolute) zu reden und es darzustellen.

987 **Was meint Hegels These vom ›Vergangenheitscharakter der Kunst‹?**
»Uns gilt die Kunst nicht mehr als die höchste Weise, in welcher die Wahrheit sich Existenz verschafft (…) Bei fortgehender Bildung tritt überhaupt bei jedem Volke eine Zeit ein, in welcher die Kunst über sich selbst hinausweist.«

988 **In welcher Schrift thematisiert Johann Karl Friedrich Rosenkranz (1805–1879) das Hässliche und seine Formen?**
In der *Ästhetik des Hässlichen*, 1853.

989 **Welche Existenzweisen unterscheidet Sören Kierkegaard (1813–1855) in seiner Stadienlehre?**
Die ästhetische, die ethische und die religiöse.

990 **In welcher Schrift hat Kierkegaard die ästhetische und die ethische Existenzweise beschrieben?**
In *Entweder-Oder* (Enten-Eller; 1843).

991 **Was unterscheidet für Karl Marx (1818–1883) die menschliche Produktion von der tierischen?**
Tierische Produktion ist immer nutzenorientiert, die des Menschen nicht. »(…) der Mensch formiert (…) auch nach den Gesetzen der Schönheit.«

992 **Was ist für Friedrich Engels (1820–1895) der ›künstlerische Realismus‹?**
»Realismus bedeutet, meines Erachtens, außer der Treue des Details die getreue Wiedergabe typischer Charaktere unter typischen Umständen.«

993 **Welcher marxistische Ästhetiker hat diese Realismus-Konzeption aufgegriffen und weitergeführt?**
Georg Lukács (1885–1971).

994 **Worin besteht für Arthur Schopenhauer (1788–1860) die Erlösung vom Leiden?**
In der Aufhebung des Wollens.

995 **Was leistet nach Schopenhauer diese Aufhebung des Wollens?**
Kunst und Askese. In der ästhetischen Erfahrung kommt es zum »Sabbath der Zuchthausarbeit des Wollens«.

996 **Was ist für Schopenhauer in *Die Welt als Wille und Vorstellung* (1819/1844) die Musik?**
Die Verkörperung des Weltwillens. »Die Musik im Ganzen ist die Melodie zu der die Welt der Text ist.«

997 **Welches Gegensatzpaar unterscheidet Friedrich Nietzsche (1844–1900) in seinem Erstlingswerk *Die Geburt der Tragödie aus dem Geist der Musik* (1871)?**
Das Apollinische und das Dionysische. Apollo ist der Gott der Klarheit und des Maßes, Dionysos der Gott des Maßlosen und des Exzesses.

998 **Wie charakterisiert Nietzsche den ›ästhetischen Zustand‹?**
Als Rauschzustand.

999 **In welchem Dienst steht für Nietzsche die Kunst?**
Im Dienst der Spannungssteigerung und der Lebensintensivierung. Künstler sind ›Krafttiere‹, »Kunst [ist] das große Stimulans des Lebens, ein Rausch am Leben, ein Wille zum Leben«.

1000 **Was sagt Nietzsche von der Musik?**
»Ohne die Musik wäre das Leben ein Irrtum.«

Personen- und Sachregister

Zur besseren Erschließung des Textes berücksichtigt das Sachregister zum Teil auch Stellen, wo Begriffe oder Sachverhalte nicht wörtlich, sondern sinngemäß vorkommen.
Namenseinträge und Werktitel wurden kursiv gesetzt.